Der reichste Höhlenmensch

Die Doug-Batchelor-Story

wie er sie Marilyn Tooker erzählte

Titel der englischsprachigen Originalausgabe:
The Richest Caveman: The Doug Batchelor Story as told to Marilyn Tooker

BASISTA Media GmbH
Seelhofenstraße 76 | D 74395 Mundelsheim | Deutschland
www.basista-media.com | Telefon +49 (0)7143 81 30 30

3. unveränderte Auflage

ISBN 978-3-943475-02-9

Übersetzung und Lektorat Gabriele Pietruska
Bibeltexte Martin Luther (1964)
Künstler Coverbild Lars Justinen, www.goodsalt.com
Einbandgestaltung Penny Hall, Ernesto Looser
Satz Ernesto Looser

BASISTA
Media

Inhaltsverzeichnis

KAPITEL 1

Schlusspunkt mit Knalleffekt!

Das New Yorker Appartement meiner Mutter. Ich saß auf meiner Bettkante und schluchzte hemmungslos vor mich hin, das Gesicht in meinen Händen vergraben. Tränen liefen unaufhaltsam über meine Wangen, tropften durch meine Finger auf den Teppich. Es kam nicht oft vor, dass ich weinte. Aber bei dieser Gelegenheit schien etwas in mir zerbrochen zu sein und der ganze Schmerz brach aus mir heraus. Seitdem die Schule wieder angefangen hatte, war ich von einem Schlamassel in den nächsten geraten, fast täglich war ich in irgendwelche tätlichen Auseinandersetzungen und Schlägereien verwickelt. Und heute war schon wieder so ein Tag, an dem ich in ernsthaften Schwierigkeiten war! Ich fragte mich, ob ich es jemals packen würde, aus diesem Chaos wieder herauszukommen. Ich schaffte es einfach nicht, mich selbst zu beherrschen!

Wäre bloß Mom hier! Dann hätte ich mich vielleicht bei ihr aussprechen können, aber sie war heute Abend – wie üblich – nicht zu Hause. Seit ihrer Scheidung arbeitete sie ganztags und hatte weniger Zeit für mich und meinen Bruder, als ihr lieb war. Am Abend ging sie dann oft mit Freunden aus oder gab ab und zu eine Party in ihrem Appartement. Selten war es bisher vorgekommen, dass wir als kleine Familie abends allein zusammen waren. Und jetzt war mein Bruder Falcon – mein bester Freund und schlimmster Feind – zu unserem Vater nach Florida gezogen. Falcon litt an zystischer Fibrose (Mukoviszidose) und das mildere Klima in Florida tat ihm gut. Hier saß ich also völlig allein in der Wohnung – verzweifelt und voller Sehnsucht nach jemandem, der mich liebte und mir zeigte, dass er sich für mich und meine Probleme interessierte, egal was auch passiert war.

Ich dachte an meine Mutter. Sie war bildschön, hatte unzählige Freunde, die meisten von ihnen Schauspieler, Schriftsteller oder Sänger. Neben ihrem phantastischen Aussehen war meine Mutter vielseitig und begabt, so dass es nicht wunderte, dass sie zum Mittelpunkt jeder Party wurde. Das Showbusiness zog sie an wie die Motten das Licht. Ihre Karriere war steil aufwärts gegangen, als sie anfing, für Elvis Presley Songs zu schreiben. Das war allerdings nicht ihr einziges Engagement im Showgeschäft, sie war in viele Bereiche involviert. So lange ich denken kann, hatte sie mit ihrer Vielseitigkeit in den verschiedensten Branchen des Showbusiness gearbeitet. Sie schrieb Musicals fürs Fernsehen oder die Bühne, spielte kleinere Rollen in Filmen und arbeitete als Filmkritikerin.

Während der Sommerferien nahm sie Falcon und mich mit zur Arbeit und wir Kinder sonnten uns in der Aufmerksamkeit, die wir von den Stars erhielten. Während der Drehpausen kamen sie zu uns herüber, redeten mit uns oder machten Scherze. Einige der berühmteren, an die ich mich noch erinnere, waren Red Buttons, Frankie Avalon, Nancy Sinatra, Rowan und Martin, Maureen O'Hara und Lloyd Bridges. Aber unsere absoluten Lieblingsstars waren The Three Stooges [bekanntes Komikertrio]. Sie waren einfach zum Totlachen!

Aber irgendetwas an diesen Leuten aus der aufregenden und faszinierenden Glitzerwelt des Films störte mich. Als ich älter wurde und manche Dinge besser durchschaute, entdeckte ich, dass ein erschreckend hoher Prozentsatz dieser Stars Homosexuelle waren. Viele von ihnen waren alkohol- und/oder drogenabhängig und die meisten waren alles andere als glücklich. „Warum arbeiten sie wie die Wahnsinnigen, um berühmt zu werden, wenn sie sich hinterher so mies und unglücklich fühlen?" fragte ich mich.

Ich habe keine Ahnung, ob Mom diesen Widerspruch in dem Leben ihrer Freunde und Kollegen wahrnahm, jedenfalls sprach sie nie darüber. Für sie galt: je mehr Action und Aufregung, umso besser. Oft gab sie Partys in unserem Appartement, aber alles, was ihre Gäste wollten, war nur rumsitzen und reden und Marihuana rauchen. Sie benahmen sich ziemlich albern und dumm, schlugen sich gegenseitig auf den Rücken und lachten über ihre eigenen, dümmlichen Witze. Einige von ihnen hatten total abgehoben und den Bezug zur Realität verloren. Irgendwie sahen sie aus wie Gespenster, die in ihrer eigenen Welt herumschwebten, seltsame, verrückte Gestalten, die nichts als schrecklich einsam waren.

Einsam. Wie ich dieses Wort hasste! Da saß ich verloren und allein auf meiner Bettkante, die Ereignisse des Tages trudelten durch meine Gedanken. Ich durchlebte noch einmal die Schlägerei, in die ich verwickelt gewesen war, die flammende Strafrede, die mir der Direktor gehalten hatte, den tadelnden, finsteren Blick meines Lehrers – und ich fühlte mich wie der letzte Dreck. Wer war ich? Woher kam ich? Wozu war ich überhaupt da? Ich stellte mir diese Fragen nicht zum ersten Mal. Schon oft hatte ich vor dem Spiegel gestanden und mir das Gehirn zermartert. Ich hatte gelernt, dass ich nichts weiter war als ein weiterer, winziger Baustein im endlosen Prozess der Evolution – ein überentwickelter Affe.

Wenn das alles war, was das Leben ausmachte – warum nicht einen Schlussstrich unter die ganze Affäre ziehen?

Ich hatte keine Angst vor dem Sterben. Wenn man starb, verfaulte man und verwandelte sich in Dünger. Das war alles. Jedenfalls hatten unsere Lehrer uns das erzählt. Ich entschloss mich, eine Überdosis Schlaftabletten zu schlucken, mich auf mein Bett zu legen und niemals wieder aufzuwachen. Nichts einfacher als das.

Entschlossen stand ich auf, wischte meine tränennassen Hände an meiner Hose ab und stiefelte ins Badezimmer. Ich öffnete die Tür des Apothekenschränkchens und starrte auf all die Fläschchen und Packungen, die dort in Reih und Glied auf den Borden standen. Welches waren nur die Schlaftabletten? Ich wusste, dass Mom jeden Abend ein oder zwei Schlafpillen vor dem Zubettgehen nahm, aber ich hatte nie darauf geachtet, aus welchem Fläschchen sie sie entnahm. Ich fing an, die Flaschen eine nach der anderen herunterzunehmen und das Etikett zu lesen, aber auf keinem einzigen stand „Schlaftabletten" drauf. Schließlich fand ich eine Flasche mit der Aufschrift: „Valium. Vor dem Schlafengehen eine Tablette." Ich war dreizehn und ich hatte das Wort Valium noch nie gehört. Ich stellte die Flasche wieder hin und setzte meine Suche fort, aber ich fand nichts, was meinen Vorstellungen zu entsprechen schien. Also nahm ich die Valiumflasche aus dem Regal, schraubte den Deckel auf und schüttete den ganzen Inhalt in eine Hand, bevor ich mit der anderen Hand nach einem Glas Wasser griff. Aber mitten in der Bewegung hielt ich inne. Was, wenn diese Pillen nun keine Schlaftabletten waren? Vielleicht waren es irgendwelche Pillen speziell für Frauen! Vielleicht bewirkten sie nichts anderes, als dass mir fürchterlich schlecht würde oder ich krank würde. Ich wollte nicht krank werden! Ich hatte schon genug Leiden und Schmerzen! Alles, was ich wollte, war sterben!

Ich beugte mich zu der Flasche und las noch einmal die Aufschrift, aber ich wurde nicht schlauer dadurch. So stand ich da – lange Zeit – und dachte darüber nach, was ich machen sollte. Schließlich griff ich langsam nach der Flasche und schüttete die Pillen wieder hinein. Ich wollte immer noch sterben, aber ich wollte eine verlässlichere Methode finden, vielleicht an einem anderen Tag.

Zurückblickend frage ich mich, wie ich so blind sein konnte und alle Hinweise darauf, dass ich meiner Mutter nicht egal war, übersehen konnte. Sie hatte ihre eigene Art, ihre Liebe auszudrücken. Sie schrieb zum Beispiel ein Musical für meine Klasse und gab mir eine der Hauptrollen. Sie gab sich dabei die größte Mühe und investierte eine Menge Zeit und Aufwand: Casting, Kostüme – sie leitete sogar die Proben selbst. Das bedeutete, dass sie weniger Zeit für ihren Job hatte und somit weniger Geld verdiente.

Bevor Falcon zu Vater gezogen war, hatten wir ab und an so etwas wie eine Familienatmosphäre gehabt. Manchmal saßen wir zusammen im Wohnzimmer und guckten Fernsehen. Mom und ich rauchten Marihuana. Falcon konnte wegen seiner Lungenkrankheit leider nicht mitrauchen, also backte Mom ihm Kekse, in die sie eine großzügige Menge Marihuana oder Haschisch hineintat. Haschisch war schwieriger zu bekommen, weil es aus der Türkei kam. Sie kam nur an das Zeug heran, wenn ihre Freunde ihr etwas von ihren Reisen mitbrachten. Es war also schon sehr großzügig, wenn sie einen Teil dieser kostbaren Ware für Falcons Kekse verwendete. „Das zeigt doch, dass wir ihr etwas wert sind", dachte ich.

Moms Mädchenname Tarshis verriet ihre jüdische Herkunft. Meine Großeltern sagten immer, wir seien mit Saulus von Tarsus verwandt, aber ich glaube, das war nur ein Scherz. Als wir nach New York zogen, entdeckte meine Mutter, dass die Hälfte aller Leute im Showgeschäft Juden waren. Sie war stolz auf ihre jüdische Herkunft, aber sie hatte keinerlei Interesse an Religion.

Als es einige Wochen nach meiner großen Schlägerei Zeugnisse gab, war ich auf alles gefasst. Zitternd und voller Angst öffnete ich den Umschlag. Ich überflog die Seite. Meine Zensuren waren eine absolute Katastrophe, wie nicht anders erwartet. Ich faltete das Blatt zusammen und schob es in meine Hosentasche. Wie sollte ich bloß dieses Zeugnis meiner Mutter zeigen!

Als ich an diesem Abend nach Hause kam, erfüllte mich panische Angst. Ich wusste, wie es ablaufen würde: Mom würde völlig aufgebracht sein, würde schreien und zum Schluss würde sie wahrscheinlich weinen. Wieder schossen mir Selbstmordgedanken durch den Kopf. Vielleicht könnte ich ja vom Dach unseres Appartementgebäudes springen. Ich überlegte, ob die Tür zum Dach vielleicht unverschlossen wäre. Ich fuhr mit dem Fahrstuhl bis in den obersten Stock und ging den Flur entlang bis zu der Treppe, an der sich unten die bewusste Tür befand. Ich drehte den Türknauf und die Tür öffnete sich ohne Widerstand. Ich schob sie auf, stieg die Stufen hinauf und trat auf das Dach hinaus. Dann kletterte ich auf den Mauervorsprung, der an der Kante rund um das Dach lief, und sah hinunter. Sechzehn Stockwerke tief. Der Lärm der Straße drang an meine Ohren: Hupende Autos, aufheulende Motoren, Sirenengeheul in der Ferne. Die Menschen auf der Straße waren so weit unten, sie sahen aus wie kleine Ameisen, die emsig hin und her liefen. Alle schienen es eilig zu haben.

„Warum rennen sie alle so rum?" fragte ich mich. „Wohin wollen sie alle?" Ich wusste, dass der Grund für ihre Eile bei den meisten das Geldverdienen war.

Ich dachte an meinen Vater. Mein Vater war reich – ein Multimillionär. Allerdings war ihm der Reichtum nicht in die Wiege gelegt worden. Sein Vater starb, als er erst sieben Jahre alt war. Er war der Älteste von vier Söhnen und hatte mit die Verantwortung, die Familie, so gut es ging, über Wasser zu halten. Er verkaufte Zeitungen an der Straßenecke und nahm jeden Gelegenheitsjob an, der sich ihm bot, um die hungrigen, kleinen Mäuler zu Hause zu stopfen. Als die jüngeren Brüder heranwuchsen und mit Verantwortung übernehmen und Geld verdienen konnten, verließ mein Vater im reifen Alter von sechzehn Jahren sein Zuhause mit nicht mehr als einigen Cents in der Tasche. Der Zweite Weltkrieg kam und er trat in die Air Force ein. Er flog Einsätze und saugte wie ein Schwamm so viele Informationen über Flugzeuge auf, wie nur irgend möglich.

Als er am Ende des Krieges die Air Force verließ, war er so weit, dass er auf eigenen Füßen stehen und sein Wissen für seine Karriere umsetzen konnte. Er hatte einen scharfen Verstand und einen ausgeprägten Geschäftssinn und bald war er mitten im Aufbau seines eigenen Imperiums begriffen. Am Ende besaß er zwei Fluggesellschaften und zahlreiche Flugzeugwerke. Er liebte Flugzeuge und die Fliegerei so sehr, dass er meinen Bruder Falcon nannte, nach dem Falcon-Düsenjet. Und als ich geboren wurde, nannte er mich Douglas nach dem Flugzeughersteller Douglas. Ich glaube, Falcon hat bei der Namensvergabe den Kürzeren gezogen!

Mit dem eigenen Flugzeug zu fliegen wurde die Lieblingsbeschäftigung meines Vaters in seiner Freizeit. Nicht minder reizvoll waren für ihn Autorennen. Aber leider hatte er für seine Hobbys weniger Zeit, als er sich wünschte. Nach seiner Trennung von meiner Mutter zog er nach Florida. Er lebte auf einer so exklusiven Insel, dass man zum Betreten dieses Stückchen Lands spezielle Ausweise oder Genehmigungen brauchte. Wenn ich ihn besuchte, war ich froh, dass er ein Dienstmädchen und einen Butler hatte. Sie waren oft meine einzige Gesellschaft. Dad frühstückte jeden Morgen mit mir zusammen, aber davon hatte ich nicht viel, da gewöhnlich eine riesige Zeitung zwischen ihm und mir schwebte. Wenn ich etwas zu sagen hatte, senkte er manchmal die Zeitung und antwortete mir, aber meistens blieb er bewegungslos und grunzte nur als Antwort. Ich war zu jung, um zu verstehen, dass sein dichtgedrängter Terminkalender ihm kaum Bewegungsspielraum ließ und dass die wenigen Minuten am Morgen mit seiner Zeitung die einzige Zeit war, die er den ganzen Tag für sich selbst hatte. Es stimmte, er hatte einen eigenen Learjet, einen Rolls-Royce, Sicherheitspersonal und seine eigene Yacht, aber er schien nicht glücklich zu sein. Irgendwie wirkte er immer getrieben, angestachelt von seinem eigenen Schwur, nie in seinem Leben mehr arm zu sein. Sein Leben war so intensiv und vollgestopft, dass er nicht selten jeden Tag 16 Stunden arbeitete, und das sechs Tage in der Woche.

Er war in einer baptistischen Gemeinde aufgewachsen, aber die Religion war ihm von seiner wohlmeinenden Familie und Freunden mehr oder weniger übergestülpt worden. Er wollte damit nichts mehr zu tun haben. Als seine erste Frau und sein kleiner Sohn bei einem Flugzeugunglück ums Leben kamen, verlor er wahrscheinlich den letzten Rest seines Glaubens und bezeichnete sich selbst als Agnostiker.

Ein kalter Windhauch brachte mich in die Gegenwart zurück. Meine Zehenspitzen ragten über den Mauervorsprung hinaus und ich lehnte mich nach vorn über die Kante in der stillen Hoffnung, der nächste Windstoß würde mich herunterwehen, so dass ich nicht selbst den Mut zum Hinunterspringen aufbringen müsste. Während ich dort oben stand und noch zögerte, erinnerte ich mich plötzlich an etwas, was ich vor ein paar Tagen in der Zeitung gelesen hatte. Ein Mann war acht Stockwerke tief gefallen. Er verlor einen Arm und brach sich das Rückgrat, aber er starb nicht. Was, wenn ich auch nicht sterben würde? Was, wenn ich nur als Krüppel endete und für den Rest meines Lebens Schmerzen leiden müsste? Mich schauderte!

Noch etwas anderes hielt mich zurück. Ich litt unter einem ausgeprägten Fall chronischer Neugier. Wenn ich heute starb, was verpasste ich dann vielleicht am nächsten Tag? Vielleicht sollte ich mich doch lieber noch ein bisschen auf der Welt herumtreiben.

Die angenehme Seite am Selbstmord ist, dass man ihn jederzeit auf später verschieben kann. Einige Jahre später würde ich genau diese Einsicht meiner Mutter ans Herz legen, als sie anrief und mir mitteilte, dass sie im Begriff sei, Selbstmord zu begehen. Das rettete ihr Leben.

Ich kletterte von dem Mauervorsprung zurück aufs Dach und setzte mich hin, um nachzudenken. Die Worte einer Bierreklame kamen mir wie ein Gedankenblitz ins Gedächtnis: „Du lebst nur einmal. Greif dir jeden Genuss, den du kriegen kannst." Das schien mir ein attraktives Motto zu sein. Ich würde an keinem Spaß und keiner Aufregung vorbeigehen und alles mitnehmen, was ich konnte. Wenn ich genug hatte, würde ich irgendwas ganz Verrücktes und Aufsehenerregendes tun. Warum sollte man die Welt mit einem Winseln verlassen, indem man Schlaftabletten nahm oder von einem Dach sprang? Warum nicht einen Schlusspunkt setzen mit einem richtigen Knalleffekt!?

KAPITEL 2

Auf der Militärschule

Wir gehen zwei Jahre zurück.

Jedes Mal, wenn die Schwierigkeiten, in die ich gewöhnlich in der Schule geriet, eine bestimmte Schmerzschwelle erreicht hatten, versuchte meine Mutter, mich aus dem Schlamassel herauszuboxen, indem sie mich an einer anderen Schule anmeldete. Während neun Schuljahren besuchte ich nicht weniger als vierzehn Schulen. Wenn doch meine Eltern nur erkannt hätten, dass mein ganzes widerspenstiges Verhalten nichts anderes als ein Schrei nach Liebe und Aufmerksamkeit war! Wie anders hätte mein Leben sein können! Aber jeder von ihnen wurde von seinen eigenen Wünschen und Zielen getrieben, die er sich für seine Zukunft gesteckt hatte, und in seinem Leben gab es wenig Platz, Gedanken an ein Kind zu verschwenden. Probleme und Schwierigkeiten schienen in meinem Leben programmiert und ich erkannte, dass mein Leben völlig außer Kontrolle geraten war. Je mehr Schulen ich besuchte, desto weniger lernte ich. Irgendwie war mir klar, dass ich Disziplin und einen festen Rahmen für mein Leben brauchte.

Eines Tages kam Millie, eine Freundin meiner Mutter, auf einen kurzen Besuch vorbei. „Ich fahre morgen Richtung Norden, um meine Söhne an der Militärakademie zu besuchen", sagte sie. „Hättest du nicht Lust, mich mit deinen Jungs zu begleiten? Für mich wäre die Fahrt nicht so langweilig, und deinen Jungen würde es sicherlich Spaß machen, die Schule kennenzulernen. Stimmt's, Jungs?" Sie wandte sich direkt an Falcon und mich.

„Sicher", sagten wir höflich, aber widerstrebend.

Es war mir noch in allzu lebendiger Erinnerung, wie wir Schüler der Black Fox Militärakademie in Kalifornien gewesen waren. Mit meinen gerade mal fünf Jahren war ich der jüngste Kadett der Schule gewesen. Meine Erinnerungen waren allerdings nicht ausgeprägt unangenehm, so beschlossen wir, wir könnten uns diese Schule ja ruhig einmal ansehen.

„Es ist die beste Militärschule im Land", prahlte Millie auf der Fahrt. „Die Leute schicken ihre Kinder aus der ganzen Welt hierher. Die Schule heißt zwar Militärakademie von New York, in Wirklichkeit ist sie aber sozusagen die Grundschule von West Point."

Und dann sahen wir die Schule. In meinen kühnsten Träumen hatte ich mir nicht so eine Schule vorstellen können wie diese hier. Großzügig angelegte, grüne Rasenflächen dehnten sich vor meinem Auge, von farbenprächtigen Blumenbeeten begrenzt, die sich vor efeuberankten, massiven Steingebäuden erstreckten. An einem Ende des Schulgeländes befand sich ein riesiges Football-Feld, komplett mit Zuschauertribünen ausgestattet. Die Schule hatte den größten überdachten Swimmingpool, den ich je gesehen hatte. Aber am überwältigendsten war die riesige Sporthalle. In einer Ecke machten einige Jungen auf Matten Ringkämpfe; in einem anderen Bereich der Halle trugen zwei Teams ein rasantes Basketballmatch aus. Durch Glastüren, die von der Haupthalle abgingen, boten sich meinen staunenden Augen noch andere Dinge: Einige Jungen hoben Gewichte, andere bearbeiteten Sandsäcke mit ihren Fäusten, spielten Tischtennis oder vertrieben sich mit allen nur vorstellbaren, wundervollen Sportarten, die ich nur vom Hörensagen kannte, die Zeit. Diese Schule schien Lichtjahre von dem entfernt, was ich bisher an Schulen in Manhattan erlebt hatte: Hässliche, graue Gebäude hinter Maschendrahtzäunen, mit asphaltierten oder zementierten Höfen, auf denen nicht ein einziger grüner Grashalm zu leben wagte. Als ich die Kadetten in ihren frischgebügelten, todschicken Uniformen sah, war ich beeindruckt. In perfekter Formation exerzierten sie auf dem Paradeplatz.

Ich mag zwar ein ziemlich haltloser, nicht zu bändigender Querkopf gewesen sein, aber ich war absolut kein Dummkopf. Mir war sofort klar, dass das, was ich hier sah, das Resultat von Disziplin, Gehorsam und klaren Regeln war. Etwas in mir schrie nach genau so einer Struktur und Ordnung in meinem Leben.

„Mom, auf diese Schule muss ich einfach gehen!" sprudelte ich los, als wir wieder zu Hause waren. „Ich baue ständig irgendwelchen Mist und lernen tu ich überhaupt nichts. Das hier ist genau das, was ich brauche!"

„Ich weiß nicht, Doug", sagte Mom. „Dies ist eine teure Schule und ich bin mir nicht sicher, ob du dich in so ein strenges Programm einfügen könntest. Den ganzen Tag lang müsstest du nur Befehle ausführen. Dies ist eine *Militärschule*." Ich konnte ihr keinen Vorwurf machen, dass sie so skeptisch war. Bis jetzt war ich ein absoluter Tunichtgut gewesen und wirklich nichts hatte geklappt. Warum sollte es hier anders sein?

Als wir an diesem Abend vor dem Fernseher saßen, Eiscreme aßen und Mom und ich Marihuana rauchten, jagten die Ereignisse des Tages immer noch durch meinen Kopf. Die Militärschule und was ich dort gesehen hatte, ließ mich nicht los und ich schnitt das Thema noch einmal an: „Bitte, Mom", bettelte ich, „frag Dad, was er dazu sagt. Vielleicht ist dies meine letzte Chance, dass etwas aus mir wird."

„Frag für mich gleich mit", ließ sich Falcon während einer Werbepause hören. „Vielleicht könnten wir ja beide gehen."

Plötzlich hellte sich das Gesicht meiner Mutter auf und ich wusste, sie hatte eine Idee. „Ich weiß", rief sie. „Wir fragen das Ouija-Brett!" Zwar hatte sie keinen speziellen religiösen Glauben, aber sie tendierte zum Okkulten. Viele ihrer Freunde aus dem Showbusiness hatten mit Astrologie, Handlesen und Seancen zu tun. Mom ging zum Wandschrank und beförderte das Ouija-Brett ans Tageslicht. Zuerst stellten wir zum „Aufwärmen" einige banale Fragen. Dann kam die wichtige Frage: Wir berührten alle drei mit unseren Fingerspitzen ganz leicht den Anzeiger, während Mom fragte: „Soll Doug zu der Militärschule gehen?" Wir hielten den Atem an, während unsere Augen sich auf die Bewegung des Anzeigers fixierten. Langsam, langsam bewegte er sich nach oben und zeigte auf das Wort „Ja". Mir schien das Ganze nicht besonders übernatürlich zu sein, denn ich hatte dem Zeiger einen winzigen, fast unsichtbaren Stoß gegeben.

„Soll Falcon zur Militärschule gehen?" fragte sie als Nächstes. Der Zeiger trudelte ein bisschen herum und bewegte sich dann langsam auf das Wort „Nein" zu. Plötzlich passierte etwas Überraschendes. Der Anzeiger bewegte sich in Richtung Alphabet, das quer oberhalb des Brettes angebracht war und buchstabierte langsam das Wort *W-a-f-f-e-n*. Wir sahen uns an.

„Keine Waffen!" sagten wir wie aus einem Mund. Ich wusste, dass dieses Mal niemand nachgeholfen hatte, und ich konnte nicht begreifen, was ich hier gerade gesehen hatte. Meine Mutter schien es allerdings nicht irgendwie zu beunruhigen. Am gleichen Abend noch hängte sie sich ans Telefon und sprach mit Dad. Schlussendlich war er damit einverstanden, dass ich es mit dieser Schule versuchen sollte und schickte das Geld, um dieses neue abenteuerliche Unternehmen zu finanzieren.

Gleich nach Beginn des neuen Schuljahres zog ich in das Internat ein. Sorgfältig ordnete ich meine Habe in die Schubladen ein und hängte Hemden und Jacken in den Schrank. „Sie werden beeindruckt sein, wenn sie sehen, wie ordentlich ich bin", sagte ich zu mir selbst.

Ich hatte keine Ahnung, wie sehr ich mich irrte. Jedes Ding hatte seinen speziellen, vorgegebenen Platz, und alles musste auf diesem speziellen Platz sein und nirgendwo anders. Es gab Vorschriften darüber, wo die Kleidungsstücke aufgehängt werden mussten und in welcher Reihenfolge sie hängen mussten. Es gab

Vorschriften, wie und wo die Bücher zu stehen hatten. Es gab sogar Vorschriften darüber, wie lang, wie breit und wie dick unsere Unterwäsche gefaltet werden und in welcher Schublade sie liegen musste!

Neuankömmlinge wurden an jeder Ecke der Lächerlichkeit preisgegeben. Sehr oft wurden wir auf dem Flur von irgendeinem Kadetten mit Streifen an seiner Uniform angehalten. Wir mussten Haltung annehmen, unser Kinn so weit nach unten ziehen, dass es zum Doppelkinn wurde und folgenden Satz wiederholen: „Ein neuer Schüler ist der Abschaum der Erde, Sir." Wenn man nun zwischen jedes einzelne Wort „Sir" einfügte, klang das folgendermaßen: „Ein, Sir, neuer, Sir, Schüler, Sir, ist, Sir, der, Sir, Abschaum, Sir, der, Sir, Erde, Sir, Sir." Und das alles musste mit einem absolut unbeweglichen Gesicht aufgesagt werden. Wenn man es nicht einwandfrei fehlerlos sagen konnte, musste man von vorn anfangen. Und das war ziemlich häufig der Fall. Unser Tag begann sehr früh. Das Wecksignal erklang über Lautsprecher um 6.00 Uhr in der Frühe, und wir hatten keine Zeit, irgendwie zu trödeln. Um 6.30 Uhr war Morgenappell auf dem Paradeplatz und vorher musste die Morgentoilette beendet sein. Wenn du im Winter deine Haare nach dem Duschen nicht gründlich abgetrocknet hattest, bevor du auf den Paradeplatz ranntest, konnte es dir passieren, dass sie auf dem Kopf zu Eis froren. Wenn du nur eine Sekunde zu spät kamst, gab es kein Pardon. Du *warst* zu spät und bekamst die entsprechende Strafe.

Als nächstes mussten wir uns beeilen, unsere Zimmer auf Vordermann zu bringen. Manchmal, wenn das Zimmer eines Jungen die Inspektion nicht bestand, wurden seine Betttücher von der Matratze gezerrt, sein Zimmer wurde völlig auf den Kopf gestellt und er musste ganz von vorn anfangen. Die Betttücher mussten so stramm gezogen werden, dass eine Geldmünze auf ihnen hochsprang. Aber wenn du dein Zimmer ganz von vorn aufräumen musstest, war das keine Entschuldigung für's Zuspätkommen. Wir marschierten zum Essen und marschierten wieder zurück, gewöhnlich in der doppelten Geschwindigkeit.

Sie hatten keine Hemmungen, uns körperlich zu strafen. Dieses Vorrecht übte der Lehrer aus, ein hartgesottener Militäroffizier. Ich erinnere mich lebhaft an das erste Mal, als der Lehrer mich aufforderte, mich über meinen Tisch zu beugen. Er zog seinen Armeegürtel aus der Hose, gespickt mit metallenen Ösen und Haken, und bearbeitete meinen Allerwertesten mit voller Kraft. Mein Tisch und ich flogen durch den Raum und krachten in zwei andere Tische. Ich heulte auf, und der ganze Klassenraum brach in schallendes Gelächter aus. Ich war erst elf Jahre alt, aber der Lehrer wiederholte immer wieder den einen Satz: „Du bist jetzt ein Mann, du bist ein Mann." Ich lernte sehr schnell, dass man nicht weinte und dass man nicht zu Hause anrief und sich ausjammerte, sonst wurde man geradewegs aus der Schule herausgelacht.

Nicht immer wurden wir mit dem Gürtel geschlagen. Manchmal packten sie dich bei den Haaren und schüttelten dich herum, oder sie schlugen dich auf den Kopf. Obwohl alle diese Jungen aus reichen Elternhäusern stammten, fassten die Offiziere keinen mit Samthandschuhen an. Mein Freund Rafael Trujillo, Sohn des Diktators in der Dominikanischen Republik, war ein Junge wie jeder andere in dieser Schule. Rafael und ich waren gute Kumpels und waren gerade zusammen, als er die Nachricht erhielt, dass sein Vater bei einem Unfall in Spanien ums Leben gekommen war.

Am Sonntag war es Vorschrift, dass man in eine Kirche zum Gottesdienst gehen musste. Dieser Punkt gab bei mir Anlass zu Problemen. „Du musst eine bestimmte Kirche auswählen und jeden Sonntag dorthin gehen", sagten sie. Das war natürlich wichtig für ihr Anwesenheitsprotokoll.

„Das wird nicht klappen", sagte ich ihnen. „Wenn ich nur jüdische Gottesdienste besuche, wird mein Vater ärgerlich werden. Wenn ich nur zu protestantischen Gottesdiensten gehe, wird meine Mutter wütend." Es gefiel ihnen nicht, aber sie konnten nicht viel an dieser Tatsache ändern. Ich ging also abwechselnd zu jüdischen und zu protestantischen Gottesdiensten. An einem Sonntag besuchte ich eine katholische Kirche, aber es störte mich, dass der Priester rauchte, während er den Gottesdienst abhielt, und so ging ich dort nicht wieder hin.

Mein Bild von Gott war alles andere als positiv. Was wir in den katholischen und evangelischen Gottesdiensten hörten, war, kurz zusammengefasst: Wenn du gut bist, dann kommst du in den Himmel, aber wenn du schlecht bist, dann wehe dir! Gott hat eine Folterkammer, Hölle genannt, wo du bis in alle Ewigkeit in Feuer und flüssigem Schwefel gewälzt wirst und brennst. Es schien mir nicht gerecht zu sein, dass Gott die Wesen, die er geschaffen hatte, eine Ewigkeit lang – ohne Ende – bestrafen sollte für die Sünden, die sie in einem kurzen Leben begangen hatten. Ich konnte auch nicht nachvollziehen, warum Gott einen Menschen in die Hölle werfen würde, bevor der eigentliche Gerichtstag stattgefunden hatte. Ich dachte, Gott wäre grausam und konnte nicht begreifen, wie irgendjemand ihn lieben konnte. Später im Leben stellte ich dann zu meiner Erleichterung fest, dass dieses Bild der Hölle gar nicht in der Bibel zu finden ist.

In diesem Sommer fuhren Falcon und ich in ein Sommerlager auf einer Insel in der Karibik, wo wir schnorchelten, Wasserski fuhren und all die anderen angenehmen Dinge taten, die man als Kind auf einem Sommerlager macht. Ich wurde von einer giftigen Spinne gebissen und verlor durch die Infektion um ein Haar mein Bein. Dann versuchte ich, ein Segelboot zu stehlen und auf eine einsame Insel abzuhauen. Ansonsten war es ein normaler Sommer. Obwohl ich meine Freiheit genoss, konnte ich es kaum erwarten, für ein weiteres Jahr an die Militärakademie zurückzukehren.

Das zweite Jahr war allerdings in keiner Weise mit dem ersten Jahr zu vergleichen. Schon bald beförderte man mich zum Kompanieführer im Rang eines Sergeanten. Jede Kompanie hatte nur einen Führer, und beim Anblick meiner neuen Streifen auf meiner Uniform schwoll meine Brust voller Stolz. Anstatt Befehle zu empfangen, gab ich jetzt die Anordnungen – an andere Kadetten natürlich. Ich tippte Berichte, lieferte irgendwelchen Papierkram aus, machte Eillieferungen für Medikamente und erledigte alle möglichen anderen Botengänge, die getan werden mussten. Dieser Job war auf meinen ungebundenen Geist genau zugeschnitten. Jetzt hatte ich eine legitime Entschuldigung, wenn ich zu spät kam und konnte gehen, wohin ich wollte, wann immer ich wollte. Das Beste war, dass ich mich wirklich wohl in meiner Haut fühlte und dass ich meine Arbeit gut machte.

Ich stammte von Eltern, die immer unter Strom standen und etwas unternehmen mussten und natürlich lag mir der Konkurrenzkampf im Blut. Unser Zimmer gewann viele Male den ersten Preis bei der Inspektion, ich gewann Medaillen bei vielen Sportarten, einschließlich Ringen, Fußball, Schwimmen und Tauchen. Meine Zensuren machten eine steile Aufwärtskurve und zum ersten Mal in meinem Leben hatte ich Erfolg in der Schule. Ich platzte vor Stolz, dass man mich aufforderte, anderen beizubringen, wie man Schuhe und Gürtelschnallen auf Hochglanz bekam. Dieses Jahr wird in meiner Erinnerung immer herausragen als eins der glücklichsten und erfolgreichsten meiner gesamten Schulzeit. Ich bin mir sicher, dass aus mir ein total verkommener, stinkender Kerl geworden wäre, wenn ich nicht diese Erziehung dort genossen hätte.

Die Schule hatte nur einen gravierenden Nachteil. Es war natürlich eine reine Jungenschule. Mädchen waren deshalb ein wichtiges Thema, das ständig in unseren Köpfen herumspukte. Tatsächlich redeten selbst die Acht- und Neunjährigen von kaum etwas anderem. Ich bin mir sicher, dass das Thema sie nicht wirklich so brennend interessierte, wie sie vorgaben, aber es war halt „in", sich wie ein Macho zu benehmen. Da musste man eben auch in dem Alter schon mit dem Mädchengequatsche mithalten. Ich kam schließlich zu dem Entschluss, dass Mädchen für mich das Wichtigste auf der Welt waren, und auf diesem gesamten Campus gab es nicht ein einziges von dieser Sorte!

Nun ja, ich brauchte ja nicht zu dieser Schule zu gehen. Das nächste Jahr würde ich dorthin gehen, wo es Mädchen gab!

KAPITEL 3

Als Ausreißer unterwegs

Nach einem angenehmen Sommer mit Schnorcheln, Wasserskifahren und Hinter-Mädchen-Herlaufen fing ich also wieder in New York mit der Schule an. Mom hatte eine Privatschule mit dem Namen *Bentley* gefunden, die überwiegend von jüdischen Kindern besucht wurde. Auf die Mädchen übte jeder, der von einer Militärschule kam, eine unwiderstehliche Faszination aus, und da war ich nun: Ein Prachtexemplar dieser Gattung, körperlich fit und durchtrainiert, braungebrannt und selbstbewusst. Die anderen Jungen akzeptierten mich schnell, weil ich kämpfen konnte, aber diese neugefundene Akzeptanz stellte sich bald als meine Fahrkarte zum Verderben heraus. Ich war so verzweifelt hungrig nach Liebe und Anerkennung, dass ich schlagartig wieder in meine alten, schlechten Gewohnheiten zurückfiel. Zuerst stahl ich jeden Tag eine Zigarette aus dem heimlichen Vorrat meiner Mutter, damit ich am Morgen vor der Schule mit den anderen cool herumhängen und rauchen konnte. Aber das war nur der Anfang. Ich nahm zwei pro Tag, damit ich auch auf dem Nachhauseweg rauchen konnte. Und es dauerte nicht lange, da stahl ich Geld, damit ich mir meine eigenen Zigaretten kaufen konnte.

Ich war bereit, alles zu tun, wozu meine Freunde mich herausforderten. Einmal in Miami sprang ich sogar von einer Brücke in die Bucht. Je verrücktere Dinge ich machte, desto mehr Aufmerksamkeit erhielt ich, und die Kids nannten mich schließlich den „wilden Mann". Meine Zensuren bewegten sich bedrohlich in die Abwärtsrichtung, bis ich wieder an dem Punkt angelangt war, dass mir die Kontrolle über mein Leben völlig entglitten und ich todunglücklich war.

Eines Tages hingen einige von uns nach der Schule an der Bushaltestelle herum, rauchten und redeten. Zwei der Mädchen waren wirklich süß und ich wollte sie gern mit irgendetwas beeindrucken. Aus einer blöden Eingebung heraus sagte ich: „Diese Schule ist wirklich stinklangweilig. Hier passiert doch absolut nichts Aufregendes. Ich glaube, ich werde abhauen."

Lou, ein süßes Mädchen mit blonden Haaren schnappte nach Luft. „Doug! Nein! Das kannst du doch nicht machen! Wo willst du denn hingehen?" fragte sie mit weit aufgerissenen Augen, Entsetzen in der Stimme.

„Wo würdest du denn dein Geld herkriegen?" ließ sich eine gutaussehende, samthäutige Brünette vernehmen.

„Ach, der haut doch nicht ab. Der macht doch bloß viel Wind!" sagte Rod verächtlich. Rod war ein eher bulliger Typ und es gefiel ihm gar nicht, dass ich so viel Aufmerksamkeit erhielt. Bevor ich mich versah, hatte ich mich selbst in die Ecke manövriert. Die einzige Möglichkeit, mich nicht lächerlich zu machen, war zu beweisen, dass ich nicht nur Töne spuckte. Hätte ich gekniffen, hätte man mich ausgelacht und das war für mich natürlich das Allerletzte, dem ich mich preisgeben wollte.

In dieser Nacht lag ich wach und schmiedete Pläne, wie ich es am besten anstellen sollte. Ich wusste, wo Mom ihr Bargeld aufbewahrte. Ich entwendete 300 Dollar und fuhr mit dem Bus in nördliche Richtung, wo ich mich einigermaßen auskannte. Ich trampte hoch in die Hügel ganz in die Nähe der Militärschule und übernachtete einige Nächte im Freien. Ich konnte die Gebäude von meinem Lager aus sehen und hatte Sehnsucht nach alten Zeiten. Aber mit jedem Tag in den Wäldern wurde die Einsamkeit unerträglicher, bis ich schließlich aufgab und wieder nach Hause zurückkehrte. Wenigstens konnte mich jetzt niemand auslachen. Zurückblickend frage ich mich, wie ich meinen Eltern das antun und ihnen so viel Sorgen und Schmerzen bereiten konnte, aber zu der Zeit lebte ich in der Vorstellung, dass niemand sich für mich interessierte oder mich mochte, also machte ich mir auch über niemanden Gedanken.

Mein erstes Ausreißererlebnis blieb innerlich für mich nicht ohne Folgen. Es ließ in mir die Idee reifen, ein echtes Abenteuer zu erleben, und bald spann ich mir neue Pläne zurecht. Mit zwei Freunden wollte ich nach Mexiko gehen, wo wir ein freies und unabhängiges Leben führen konnten und wo uns keiner sagte, was wir zu tun hätten. Unsern Lebensunterhalt wollten wir uns mit dem Anbau von Marihuana verdienen. Ein Freund von mir, den ich besonders gern mochte, war David McLean. Er kam aus Indien, hatte ein sehr einnehmendes, sympathisches Wesen, sah blendend aus und hatte ein Lächeln, das die Mädchen anzog wie der Honig die Bienen. Wenn ich mit ihm zusammen war, steigerte das irgendwie meine Popularität. Er fand es toll, dass ich so verrückt, unternehmungslustig und waghalsig war. Wir waren ein starkes Paar, wir beide. Wir brauchten aber noch eine dritte Person, die uns helfen sollte, aber wer konnte das sein?

„Komm, wir fragen Victor", schlug David vor. „Ich hab schon mal gehört, wie er über's Abhauen gesprochen hat."

„Ich weiß nicht", sagte ich. „Ich halte ihn für einen nervtötenden Streber." Aber nachdem wir die wenigen Alternativen durchgegangen waren, entschlossen wir uns, Victor zu fragen und zu sehen, ob er Interesse hätte. Er war sofort begeistert.

„Bringt eure Pässe mit", sagte ich den beiden. „Wir wollen keine Schwierigkeiten mit der mexikanischen Regierung."

„Wo bekommen wir die Samen her, um das Marihuana anzubauen?" wollte Victor wissen.

„Absolut kein Problem", versicherte ich ihm. „Ich habe einen Freund, der kann mir genug Samen verkaufen, dass wir damit eine Farm gründen können. Das Problem ist eher, wie wir das Zeug ins Land bekommen, ohne erwischt zu werden." Wir besprachen verschiedene Möglichkeiten und kamen dann auf eine Idee, die wir für die perfekte Lösung hielten. Wir stanzten ein Loch in die Seiten einer Bibel und versteckten die Samen in diesem Hohlraum. Ich hatte irgendwie das Gefühl, als beginge ich ein Sakrileg, aber da die anderen keine Einwände zu haben schienen, beruhigte ich mein Gewissen.

Wir planten alles ganz genau im Voraus und schließlich kam der Tag, an dem es losgehen sollte. „Wir treffen uns am Bahnhof", sagte ich den anderen. „Tragt eure besten Klamotten und zieht euch vernünftig an. Wenn wir uns wie Ausreißer anziehen, haben sie uns im Handumdrehen geschnappt."

Aber Victor wollte sich nicht belehren lassen. Als wir uns am Bahnhof trafen, traute ich meinen Augen nicht. Er trug eine alte Armeejacke, eine schmutzige Mechanikermütze und eine zerfetzte Jeans. Seine Habseligkeiten hatte er in einem Bündel über die Schulter geworfen. Er hätte genauso gut ein riesiges Schild mit der Aufschrift „Ich bin ein Ausreißer!" mit sich tragen können.

Wir kauften unsere Fahrkarten und stellten uns unter die Wartenden. Während wir dort standen, sahen wir drei Polizisten auf uns zukommen. Ich hielt den Atem an, aber sie würdigten David und mich keines Blickes und marschierten direkt auf Victor zu. Sie fingen an, Fragen zu stellen. David und ich taten so, als ob wir ihn nicht kannten, und als der Zug kam, stiegen wir ein und suchten uns einen Sitzplatz, wo wir nebeneinander sitzen konnten.

„Wow! Das war wirklich knapp! Du hattest genau recht mit deiner 'Kleiderordnung'. Sie haben nicht einmal einen Blick auf uns geworfen!" flüsterte mir David erregt zu. Wir fuhren ungefähr zwei Stunden lang, während wir uns leise unterhielten, aber unsere Freiheit war nur von kurzer Dauer. In einer Kleinstadt in Pennsylvania kam ein Trupp Kriminalbeamten in den Zug und schwärmte in alle Abteile aus. Einige kamen langsam den Gang in unserem Waggon herunter.

„Sie suchen nach uns!" flüsterte ich David zu. „Komm, wir verschwinden nach hinten raus." Aber da warteten schon andere Beamte auf uns. Sie hatten keine Schwierigkeiten, uns auszumachen. Victor hatte uns verpfiffen und alles ausgeplaudert: Wie wir hießen, was unsere Pläne waren und wie wir aussahen. In kürzester Zeit fanden wir uns hinter Gittern wieder, eingesperrt mit einem Zehnjährigen, der eine alte Frau mit einem Baseballschläger umgebracht hatte, um an ihr Geld zu kommen. Diesen Jungen nur anzusehen, ließ mir furchtbare Schauer über den Rücken laufen.

Der Mann im Jugendgefängnis behandelte uns wirklich sehr freundlich, aber ich fürchte, dass ich seine Bemühungen absolut nicht zu schätzen wusste. Er war Christ und versuchte, uns etwas über Gott und seine Liebe zu erzählen. Aber ich war so voller Vorurteile durch die vielen negativen Dinge, die meine jüdischen Freunde über das Christentum gesagt hatten, dass ich ihm gar nicht zuhören wollte.

Wir waren zwei Tage im Jugendgefängnis, als wir plötzlich einen Schlüssel im Schloss drehen hörten. Die Tür öffnete sich weit und vor uns standen zwei gutgekleidete Kriminalbeamte. „Packt eure Sachen zusammen, Jungs. Ihr fliegt nach Hause. Eure Mütter und einige Beamten werden euch direkt am Flughafen in New York abholen, versucht also keine Tricks." Der Knoten in meinem Magen begann sich zu lösen und ich spürte eine große Erleichterung. Nicht dass ich mich darauf freute, das Gesicht meiner Mutter mit den Polizisten um sie herum zu sehen, aber vielleicht würde sich ja noch etwas anderes ergeben.

Als wir an Bord des Flugzeugs gingen, gaben sie uns unsere persönlichen Dinge und unser Geld zurück. Wow! Was für eine einfältige Tat! Das war doch alles, was wir brauchten!

Am Flughafen in New York angekommen, wurden vom Bodenpersonal Treppen an die Flugzeugausgänge herangerollt. Die Stewardess entriegelte die Tür, öffnete sie und wir konnten im Flughafengebäude wartende Menschen erkennen. Dave und ich verließen mit allen anderen Passagieren das Flugzeug, aber anstatt in das Terminal hineinzugehen, nahmen wir unsere Beine in die Hand, sprangen über ein paar Barrikaden und rannten, was das Zeug hielt.

Wir erwarteten, dass hinter uns eine Trillerpfeife ertönte oder irgendetwas anderes Ungewöhnliches passierte, aber niemand schien von uns Notiz zu nehmen. Wir hielten ein Taxi an und fuhren einige Meilen in Richtung Norden. Unsere Augen beobachteten das tickende Taximeter, das mit angsterregender Schnelligkeit weiterlief, und wir tauschten besorgte Blicke.

„Lassen Sie uns bitte am Bahnhof heraus", sagte ich dem Taxifahrer. „Wir wollen nicht unser ganzes Geld für's Taxi rausschmeißen", sagte ich leise zu David. „Der Zug kostet nicht sehr viel."

„Seh ich auch so", sagte er, „aber wohin sollen wir fahren?"

„Sie werden denken, dass wir wieder in den Süden abgehauen sind", sagte ich. „Wir werden also nach Norden fahren. Wie wäre es mit Haverstraw? Ich hab gehört, dass das eine nette kleine Stadt ist. Wir könnten uns dort eine Campingausrüstung besorgen und in die Berge gehen."

„Super", sagte David. „Das machen wir." Wir kauften unsere Fahrkarten und bestiegen den Zug.

In Haverstraw schmissen wir unser Geld zusammen und kauften ein Zelt und einen einzigen Schlafsack. Es wurde früh dunkel, und als wir durch einen Friedhof stiefelten, konnte ich fühlen, wie mir das Herz im Halse schlug. Ich spürte ein Kribbeln im Nacken: Meine Haare standen mir zu Berge!

Das, was man mir während meiner Kinderjahre bis jetzt beigebracht hatte, war voller seltsamer Widersprüche. Auf der einen Seite wurde mir erzählt, dass es keinen Gott gab, dass alles Existierende nichts weiter als ein riesiger „Rülpser" der Natur war, und dass es kein Leben nach dem Tod gab. Aber auf der anderen Seite erzählten mir die gleichen Leute, dass es eine mystische Seite des Lebens gab – eine vollständige Welt der Geister. Manchmal hatten wir bei uns zu Hause Seancen, um mit den Verstorbenen Kontakt aufzunehmen. Diese Erinnerungen plus all die Horrorfilme, die ich schon während meiner Kindheit gesehen hatte, trugen absolut nicht zur Entspannung der Situation bei. Ich war mir sicher, dass wir diesen nächtlichen Spaziergang über einen Friedhof niemals überleben würden, besonders noch bei Vollmond. Ich war jede Sekunde darauf gefasst, irgendeinen Werwolf oder einen Vampir hinter einem Grabstein hervorspringen zu sehen, der sich auf uns stürzte.

Ich hatte niemals in der Bibel Prediger 9,5 gelesen, wo es heißt: „Denn die Lebenden wissen, dass sie sterben werden, die Toten aber wissen nichts;" – oder Vers 6, der sagt, dass die Toten im Grab nichts mehr mitbekommen von allem, was auf der Erde geschieht und keinerlei Einfluss mehr auf das Geschehen in der Welt nehmen können. Ich wusste auch nicht, dass Jesus gesagt hat, dass die Toten schlafen werden bis zu dem Tag der Auferstehung am Ende der Welt. Ein Seufzer der Erleichterung entrang sich meiner Brust, als wir endlich ein sicheres Stück Weges von all diesen gruseligen Grabsteinen entfernt waren.

Als der Mond höher stieg, beschleunigten wir unser Tempo und fanden einen Pfad, der in die Berge hinaufführte. Je höher wir stiegen, desto tiefer wurde der Schnee. Aber wir waren unerfahrene Stadtkinder und hatten keine Ahnung, dass der Schnee immer tiefer und die Temperatur immer kälter werden würde, je höher wir stiegen. Schließlich erreichten wir eine kleine Lichtung zwischen all den Bäumen und ich ließ das Zelt fallen. „Das sieht doch nicht schlecht hier aus", schnaufte ich.

„Ja!" David war einverstanden. „Hier findet uns keiner und ich bin völlig ausgepowert und durchgefroren."

Wir machten uns daran, das Zelt aufzubauen. Der Mond schien auf den weißen Schnee, so dass wir einigermaßen gut sehen konnten, und so waren wir bald mit unserer Arbeit fertig. Nachdem wir jetzt ein Dach über dem Kopf hatten, meldeten sich unsere hungrigen Mägen. Obwohl unsere Finger halb steif gefroren waren, schafften wir es irgendwie, eine Dose mit Bohnen zu öffnen und sie über einem Esbit-Kocher zu erhitzen.

„Ich werde den Kocher brennen lassen", sagte David, nachdem wir unsere Mahlzeit beendet hatten. „Vielleicht wird es dadurch im Zelt etwas wärmer." Wir wurschtelten uns mit voller Montur zusammen in unseren einen Schlafsack und allmählich wurde uns warm. Es war alles andere als bequem, aber irgendwie fielen wir dann doch in einen erschöpften Schlaf.

Wir waren relativ früh schlafen gegangen, aber zwei Stunden später erwachten wir plötzlich. Wir lagen in einer großen Pfütze eisig kalten Wassers. Die Hitze von der offenen Flamme und unsere warmen Körper hatten den Schnee unter dem Zelt zum Schmelzen gebracht und wir waren bis auf die Haut nass. Steif krochen wir aus unserem Schlafsack, standen da wie die begossenen Pudel und guckten uns an. Unsere Zähne klapperten und die durchnässte Kleidung klebte uns am Körper.

„Ich weiß nicht, was du denkst", sagte ich zu David, „aber ich will hier erst mal nichts wie weg."

„Ganz deiner Meinung", schnatterte er, „aber was machen wir mit dem Zelt und dem Schlafsack?"

„Lass sie liegen", antwortete ich. „Der Schlafsack ist sowieso nass und schwer, und ich friere zu sehr, um das Zelt abzubauen. Komm, wir hauen ab."

Wir stolperten den Bergpfad nach unten, auf dem ca. 5 cm frisch gefallener Schnee lagen. Ich kann mich nicht erinnern, dass ich mich je in meinem Leben so hundeelend und total durchgefroren gefühlt habe. Endlich erreichten wir die kleine Stadt, und das einzige, was noch geöffnet hatte, war eine kleine Bar mit Restaurant. Sehnsuchtsvoll starrten wir durch die Scheiben nach innen auf den warmen Schein.

„Komm, wir gehen rein und wärmen uns auf", sagte ich. Wir traten ein und sahen uns um. Am Ende des Raumes stand ein Billardtisch und zwei Barbesucher hockten auf Barhockern und verspeisten Pommes und Hamburger. Sie hielten inne und sahen in unsere Richtung. Wir gaben mit Sicherheit eine ziemliche besichtigungswerte Erscheinung ab, aber wir waren zu verfroren und ausgehungert, als dass es uns irgendwie gekümmert hätte.

Wir kletterten auf die Barhocker und gaben unsere Bestellung auf. Ich hatte weniger als zehn Dollar in meiner Tasche, aber das reichte für eine Mahlzeit. Etwas Kleingeld würde sogar noch übrig bleiben. Ich bestellte einen Hamburger und zwei Portionen Pommes frites. Fast ohne zu kauen schlang ich den Hamburger herunter. Als ich bei den Pommes angelangt war, hörte ich langsam auf zu zittern, und nachdem ich mir zwei Zigaretten angezündet hatte, fing ich an, mich allmählich besser zu fühlen. Wir begannen, leise miteinander zu sprechen.

„Das ist doch hier ein angenehmer, warmer Ort", flüsterte ich. „Lass uns hier bleiben. Ich will nicht wieder in diese Kälte hinaus."

„Aber wie sollen wir das machen?" fragte er. „Sie werden bald schließen, und dann müssen wir auf jeden Fall gehen."

„Lass uns Billard spielen", schlug ich vor. „Hast du noch Geld übrig?"

„Ein bisschen", sagte er.

„Gut", antwortete ich. „Lass uns so lange spielen, wie unser Geld reicht. Danach müssen wir uns was anderes überlegen."

Wir spielten Billard und rauchten, bis es Zeit war, das Lokal zu schließen. Unsere Kleidung war inzwischen getrocknet und die Welt sah schon etwas besser aus. Der Besitzer kam auf uns zu. „Es ist Zeit zum Schließen, Leute. Ihr müsst leider gehen", sagte er fast entschuldigend. Wir blickten einander hilflos an.

„Wir können nicht", platzte David heraus. „Ich meine, wir haben keinen Ort, wo wir hingehen könnten."

„Genau. Wir sind auf der Suche nach einem Job", log ich. „Wir haben in New York unsere Arbeit verloren und wir haben kein Geld für ein Hotel."

Der Lokalbesitzer wusste nicht so recht, was er sagen sollte. Nach einer langen Pause antwortete er: „Wartet einen Moment." Er ging in die Küche, wo seine Frau emsig damit beschäftigt war, die letzten Handgriffe vor Lokalschluss zu tun. Nach kurzer Zeit kehrte er zurück.

„Hättet ihr Lust, einige Tage bei uns zu bleiben? Ihr könntet bei uns wohnen und etwas für uns arbeiten. Vielleicht habt ihr dann inzwischen etwas gefunden." Voller Dankbarkeit nahmen wir sein Angebot an, froh über die Aussicht auf ein warmes, trockenes Bett und etwas zu essen.

Aber unser neues Heim blieb nur für kurze Zeit ein angenehmes Domizil. Sie kriegten die Wahrheit heraus und meldeten uns den Behörden als Ausreißer. Die Polizei holte uns ab und brachte uns zum Bahnhof, und es hatte wenig Zweck, einen zweiten Versuch zu machen, sie auszutricksen. Sie hatten jeden Tag mit Ausreißern zu tun. Sie hatten schnell herausbekommen, wer wir waren und benachrichtigten unsere Eltern. Davids Mutter holte ihn am nächsten Tag ab. Ich wurde von einem Polizisten zurück zum Flughafen in New York gebracht, wo meine Mutter auf mich wartete.

„Danke, Officer", sagte sie. Ich konnte sehen, dass sie wirklich verletzt und ärgerlich war. „Wie konntest du mir das antun, Doug?" weinte sie. „Ich habe für dich alles Erdenkliche getan, ich habe mir ein Bein ausgerissen für dich. Ich kann einfach nicht mehr. Du wirst ab jetzt bei deinem Vater wohnen! Ich habe dein Flugticket schon gekauft. Dein Flug geht in einer Stunde."

Eine nervenzermürbende Stille hing zwischen uns, als wir auf den Flug warteten. Sie tat mir wirklich leid. Sie trug eine Sonnenbrille, aber ich konnte sehen, dass ihre Augen rot und verquollen waren. Wir sagten steif „Auf Wiedersehen„ zueinander und ich ging an Bord des Flugzeuges. Ich warf mich in den Sessel und starrte mit blinden Augen aus dem Fenster. In mir brannte unbändiger Zorn; ich war wütend auf mich selbst und auf die Welt. Wenn es etwas gab, was ich absolut nicht wollte, dann bei meinem Vater zu leben. Er war einfach zu streng.

Missmutig und deprimiert kam ich bei meinem Vater an. Schon bald fühlte ich mich wie ein Außenseiter in meines Vaters Haus. Ich empfand Eifersucht auf meine Stiefmutter Betti und ihren Sohn und ich konnte nichts dagegen tun. Sie versuchte wirklich alles, um mich nett zu behandeln, aber ich gab ihr keine Chance. Ich fühlte mich so ungeliebt und unerwünscht, dass ich einfach jedem um mich herum das Leben zur Hölle machte. Betti stellte schließlich meinem Vater ein Ultimatum: „Entweder er geht, oder ich gehe." Niemand schien wirklich überrascht zu sein.

Dad verfrachtete mich in ein Hotel, das ihm gehörte, und schickte jeden Tag einen Wagen, der mich abholte. Das neue Arrangement sah vor, dass ich halbe Tage für ihn in den Flugzeughangars arbeitete und die andere Hälfte zur Schule ging. Ich fühlte mich wie ein Sklave, der in keiner Weise über sein Leben mitbestimmen darf und ich hasste diese Situation über alles!

Es ging bald los, dass Dad ungefähr einmal wöchentlich Anrufe vom Direktor der Schule bekam, weil ich den Unterricht schwänzte oder meine Pflichten nicht erledigte oder sonstwie aufmüpfig war. Dann holte Dad mich gewöhnlich ab, ging mit mir irgendwo Essen und redete mit mir. Ich genoss es, wenn er mit mir redete. Ich hatte das Gefühl, dass er wirklich viel für mich empfand, aber er hatte Schwierigkeiten, seine Gefühle in Worte zu fassen.

Eine Sache allerdings konnte er sehr deutlich in Worte fassen. Er sagte mir, wenn ich mich nicht endlich in den Griff bekäme, würde meine nächste Station eine Schule für schwer erziehbare Kinder sein, und ich wusste, dass er es ernst meinte. Ich versuchte eine Weile, mich am Riemen zu reißen, aber schließlich hielt ich es nicht länger aus – keinen einzigen Tag länger. Ich lief wieder fort.

Aber bevor ein Tag vorbei war, war ich schon wieder in Schwierigkeiten. Mein Freund Joe und ich hatten beschlossen, im Atlantik schwimmen zu gehen. Keiner von uns hatte eine Badehose, aber da es dunkel war, sprangen wir einfach splitternackt in die Fluten. Wir schwammen und vergnügten uns ungefähr eine halbe Stunde lang in der Brandung. Dann sagte ich: „Ich werde hungrig. Komm, wir schnappen unsere Kleider und rennen zu dem alten, verlassenen Strandhaus da drüben. Dort können wir bleiben, bis wir trocken sind."

Wir kletterten an den Strand, griffen unsere Kleider und rannten nackend zu dem alten Haus rüber. Die Tür quietschte, als wir sie aufschoben. Wir schlossen sie hinter uns und gingen durch das Haus.

„Es kommt wohl ein Sturm auf", sagte Joe. „Hör mal, wie die alten Fensterläden knallen."

„Das habe ich auch schon gemerkt", sagte ich. „Komm, wir gucken mal, ob wir irgendwo etwas Handtuchähnliches finden, um uns abzutrocknen. Wir müssen uns anziehen, bevor jemand kommt und nachguckt, woher der Lärm hier stammt." Wir gingen von Zimmer zu Zimmer, um eventuell etwas Brauchbares zu finden, als plötzlich die Haustür aufging und zwei Polizisten hereinspazierten!

Ich bin nicht stolz darauf zu sagen, dass ich wegen unsittlichen Verhaltens verhaftet wurde. Ich bin fast vor Scham gestorben, aber ich setzte eine trotzige Maske auf. Sie nahmen uns mit auf die Polizeistation und verhörten uns. Sie versuchten herauszufinden, wer wir waren, aber ich verbarg sorgfältig meine wahre Identität. Ich wusste, sie würden mich postwendend zu meinem Vater schicken, wenn sie herausfanden, wer ich war, und das war das Letzte, was ich wollte. Also sagte ich ihnen, mein Name wäre Adam Fisher und ich käme aus New York. Sie behielten mich ungefähr eine Woche im Gefängnis.

Ich begann mich zu fragen, ob ich einen Fehler gemacht hatte. Weiße waren in diesem Gefängnis eine Minderheit, und die Schwarzen und Kubaner machten uns das Leben ganz schön schwer, aber ich ließ mich nicht unterkriegen. Jeden Tag verhörten mich die Beamten aufs Neue, bis ich mich eines Tages verplapperte, indem ich versehentlich den tatsächlichen Namen einer Schule, die ich besucht hatte, nannte. Innerhalb von Stunden hatten sie herausgefunden, wer ich war und riefen meinen Vater an.

Ich seufzte, als ich in seinen neuen Lincoln kletterte. Er sprach auf der ganzen Fahrt kein einziges Wort, aber ich wusste, dass er mit seinem Latein am Ende war.

Mom, die immer bereit war, noch etwas Neues auszuprobieren, besprach meine Situation mit meinem Vater. „Er braucht eine Schule, wo er sich selbst verwirklichen kann", argumentierte sie. „Ich habe eine Schule gefunden, *Pinehinge*. Es ist ein Versuchsprojekt, eine freie Schule oben in Maine. Ihre Philosophie basiert darauf, dass Kinder nur die Dinge lernen, die ihnen wichtig sind. Du weißt, dass Doug niemals Dinge lernen wird, die für ihn nicht wichtig sind. Diese Schule ist genau auf ihn zugeschnitten."

Obwohl mein Vater eine Schule mit strengen Vorschriften vorgezogen hätte, ließ er sich überreden. Schließlich musste er zugeben, dass eine Erziehung nach seinen Vorstellungen auch keinen Erfolg gehabt hatte.

KAPITEL 4

Endlich frei!

Mom schwärmte in den höchsten Tönen von Pinehinge. „Du wirst total begeistert sein, Doug! Du kannst dir alle deine Fächer selbst aussuchen, es gibt keinen Pflichtstoff. Du brauchst nur dann zu lernen, wenn du willst und nur das, was du willst. Man nennt das eine 'Freie Schule.'"

Das klang wirklich super. Tatsächlich war diese Schule noch viel „freier" und zügelloser, als irgendjemand von uns vermutet hätte. Die Lehrer waren coole Hippies, deren Devise „laissez-faire" hieß. Es gab nur drei Regeln an dieser Schule, die jedermann geflissentlich ignorierte: „Keine Drogen, kein Sex, keine Schlägereien".

Die Wohnheime waren nicht nach Geschlechtern getrennt, ebenso nicht die Zimmer, wenn man es wünschte. Es gab ungefähr 40 Schüler im Alter zwischen 8 und 18.

Du brauchtest morgens nicht aufzustehen, wenn du nicht wolltest, du brauchtest nicht zum Unterricht zu gehen, wenn du nicht wolltest, du brauchtest nicht zum Essen zu gehen, wenn du nicht wolltest. Diese letztgenannte Freiheit würde allerdings letztendlich dazu führen, dass die Schule geschlossen werden musste.

Uns war gesagt worden, dass wir alles das lernen konnten, was wir gern wollten, und das taten wir auch. Wir lernten, wie man Kleber schnüffelt, wie man Bier herstellt und LSD. Während des Unterrichts rauchten wir, entweder Zigaretten oder Marihuana. Ich traf dort einen Jungen aus Brooklyn mit Namen Jay, der mich in die höhere Kunst des Einbruchs einführte.

Jay und ich hatten einige Gemeinsamkeiten. Seine Mutter war, wie meine, Jüdin. Sein Vater hatte Verbindungen zur Mafia gehabt, aber war ums Leben gekommen. Obwohl Jay fünfzehn Jahre alt war und einen hochintelligenten Verstand in seinem Kopf hatte, war das einzige geschriebene Wort, das er lesen konnte, das STOPP auf dem Stoppschild. Darüber hinaus konnte er kein Wort lesen. Er hatte einen fürchterlichen Brooklyn-Akzent, den selbst einige New

Yorker nur mit Mühe verstehen konnten, und er war wahrscheinlich noch wilder, verrückter und selbstmörderischer als ich. In Winternächten nahm er mich mit zu den menschenleeren Sommerhütten oben in Maine und zeigte mir, wie man einbrach und wo man das Diebesgut verstecken konnte.

Da wir nicht zum Unterricht zu gehen brauchten, wenn wir nicht wollten, besuchte ich nur sehr wenige Schulstunden. Ich schlug mir die Zeit mit Freunden um die Ohren und lief den Mädchen nach. Ich nahm allerdings am Sportprogramm teil, besonders das Skifahren reizte mich. Die meisten von uns hatten Saisonpässe für den Mount Abrams, und die Schule organisierte dreimal die Woche einen Transport hoch in die Skiregion. Ich wurde ein wirklich guter Skiläufer in diesem Jahr. Mein Freund Jay und ich rauchten gewöhnlich Marihuana in unserem Sessellift auf dem Weg nach oben, und dann unternahmen wir auf der Fahrt nach unten verrückte, höchst waghalsige Eskapaden auf der Skipiste. Wir machten uns nicht die geringsten Gedanken, ob wir verletzt oder sogar getötet werden könnten. Zum Beispiel forderte ich ihn heraus, von einem schwindelerregend hohen Absatz herunterzuspringen und er machte es glatt! Er suchte einen noch höheren Vorsprung und forderte mich zum Runterspringen auf. Häufig verloren wir die Kontrolle und bauten einen Sturz, aber irgendwie brachen wir uns niemals einen Knochen oder verletzten uns ernsthaft.

Eines Tages sah ich am Schwarzen Brett der Schule eine Notiz:

SILVA BEWUSSTSEINSKONTROLLE

Lerne, wie du
bei Lotterien gewinnen,
Menschen heilen,
Dinge passieren lassen
und die Kontrolle über dein Leben haben kannst.

Na, das klang doch mal nach einem Schulfach, das sich lohnte! Ich entschloss mich, den Unterricht zu besuchen.

Der Unterrichtsblock ging über ungefähr zwei Wochen. Der Lehrer stellte ein neues Konzept vor, wir sprachen darüber und stellten Fragen. Dann teilten wir uns in kleine Gruppen auf und gingen zur Praxis über. „Das Unterbewusstsein hat mehr Macht als das Bewusstsein", erklärte unser Lehrer. Uns wurde beigebracht, wie wir durch eine Art Selbsthypnose in die unteren Stufen unseres Bewusstseins gelangen konnten. Es wurde uns als eine Methode nahegebracht, bei der wir mit Gott zusammenarbeiteten – als etwas, das Gottes Beifall fand –, während es in Wirklichkeit genau das Gegenteil war. Unser Lehrer erklärte uns: „Jesus hatte entdeckt, wie er die Kräfte des Bewusstseins bzw. Unterbewusstseins für sich wirksam werden lassen konnte. Auf diese Weise heilte er die Menschen. Gott ist in dir.

Du bist Gott." Wir hatten keine Ahnung von der Bibel und waren uns deshalb nicht bewusst, dass wir mit Satan zusammenarbeiteten. Wir hatten noch nie gehört, dass Zauberei in der Heiligen Schrift verboten war und dass sich Satan in einen Engel des Lichts verwandelt. Ich hatte noch nie etwas von Epheser 6,12 gehört, deshalb glaubten wir ganz einfach alles, was uns der Lehrer erzählte. Uns war jedenfalls klar, dass eine übernatürliche Macht bei unseren Experimenten am Wirken war, denn wir konnten sie deutlich spüren.

Einige Schüler prahlten mit ihrer neuerworbenen Kraft. Eine Gruppe von uns stand eines Tages im Flur und diskutierte aufgeregt über die „Experimente", die wir gemacht hatten.

„Das glaube ich nicht!" sagte Laura verächtlich. „Ihr *glaubt*, dass irgendetwas passiert, aber in Wirklichkeit spielt sich das alles nur in eurem Kopf ab." Laura hatte dieses Fach natürlich nicht belegt.

„Aber es passiert wirklich etwas", erklärte ich ihr voller Überzeugung. „Da steckt wirklich Macht hinter dieser Sache und ich kann es dir beweisen", sagte ich selbstbewusst.

„Haha", sagte sie, „wie willst du denn das machen?"

„Ich werde jemanden heilen", sagte ich. „Nein, ich werde erst bei jemandem die *Krankheitsdiagnose* stellen und ihn dann heilen. Du sagst mir einfach, wen ich heilen soll und ich werde es für dich tun." Das war eine echte Herausforderung.

„Das ist ein Deal", sagte sie und sah mir direkt in die Augen. „Sag mir wo und wann und ich werde da sein."

Wir beschlossen, uns um sieben Uhr nach dem Abendessen im Salon zu treffen. Ich stellte zwei Stühle in einer ruhigen Ecke zurecht, während ich auf sie wartete.

„Setz dich", lud ich sie ein, als sie ankam. Wir saßen uns gegenüber. „Was soll ich für dich tun?"

„Ich möchte, dass du bei jemandem, der krank ist, die Diagnose stellst – sag mir, was ihr fehlt."

„Du musst mir ihren Namen und ihre Adresse geben", erwiderte ich und sie tat es. Es dauerte nur Minuten, bis ich den Alpha-Level, ein bestimmtes Stadium der Selbsthypnose, erreicht hatte. Ein Bild von einer Frau erschien vor meinem inneren Auge und ich fing an, sie zu beschreiben. „Ich sehe eine Frau, ungefähr 45 Jahre alt. Sie ist brünett, trägt eine Brille, ist mittelgroß und mittelschwer."

Laura schlug sich mit der flachen Hand an die Stirn. „Nein! Ich glaub es einfach nicht! Das ist meine Mutter!"

Dann begann ich eine Reise durch den Körper ihrer Mutter, um das Problem zu lokalisieren. Als ich zu ihren inneren Geschlechtsorganen kam, konnte ich erkennen, dass dort etwas nicht in Ordnung war. „Deine Mutter ist zeugungsunfähig", verkündete ich. „Sie kann keine Kinder bekommen."

Lauras Kinnlade fiel herunter. „Wie konntest du das wissen? Woran konntest du das erkennen? Ich habe es noch nie jemandem erzählt, aber ich bin adoptiert worden, weil meine Mutter keine Kinder bekommen kann! Kannst du etwas für sie tun?"

„Ich werde es versuchen", sagte ich. Ich ließ mich noch tiefer in mein Unterbewusstsein fallen. Wir waren gewarnt worden, nicht zu tief zu gehen, weil wir sonst die Kontrolle verlieren könnten. Ich kann mich nicht mehr erinnern, wie ich es eigentlich gemacht habe, aber ich vollbrachte so etwas wie eine medial gesteuerte Operation. Ich habe nie herausgefunden, mit welchem Resultat. Wenn ich damals gewusst hätte, was ich heute weiß, wäre ich zu Tode erschrocken gewesen.

Evan Owens – eine höchst ungewöhnliche Person – und ich wurden gute Freunde. Er war erst dreizehn, aber er hatte einen IQ von 165. Seine Eltern schickten ihn nach Pinehinge in der Hoffnung, er würde hier etwas finden, das für seinen Genius eine Herausforderung war, aber er interessierte sich für fast gar nichts. Was ihm Spaß machte, war, mit den anderen zusammen zu trinken und Marihuana zu rauchen, so wie wir es alle taten. Einige hochintelligente Kinder, mit denen ich bekannt geworden war, waren echte Langweiler, aber mit Evan war das anders. Er hatte einen spritzigen Geist und einen Witz, über den wir ständig lachen mussten. Allein schon sein Aussehen war das eines Komikers. Er trug einen Afrolook, der ungefähr 30 Zentimeter vom Kopf abstand, was natürlich sehr zu seinem witzigen Äußeren beitrug. Mit seinem Wuschelkopf sah er aus wie ein überdimensionaler, verblühter Riesen-Löwenzahn. Wenn er morgens aufstand, sah er wirklich zum Totlachen aus, weil gewöhnlich eine Seite vom Schlafen ganz plattgedrückt war.

„Komm, wir gehen in die Stadt und holen uns zwei Sechserpack Bier", schlug Evan eines Tages vor. „Hier passiert mir zu wenig."

„Finde ich gut", sagte ich. Ich hatte einen Führerschein aus dem Staat Florida, auf dem ich mein Geburtsdatum von 1957 nach 1952 „verbessert" hatte, so dass ich juristisch gesehen alt genug war, um alkoholische Getränke zu kaufen.

Waterford in Maine war eine biedere, kleine Stadt mit ehrenhaften, ordentlichen Einwohnern, die regelmäßig in die Kirche gingen. Die Leute betrachteten die Schüler von Pinehinge mit Abscheu und Empörung, und das mit vollem Recht. Mit ihren alten Klamotten und den fettigen, langen Haaren sahen die Schüler nicht nur so aus, als ob sie einem Alptraum entsprungen wären, sie benahmen sich auch so. Sie beleidigten die sittsamen Einwohner mit Obszönitäten und Vulgärsprache, unterminierten die Moral mit ihren kommunistischen Ideologien und verkauften Drogen an die Kinder der Stadt.

Als wir unser Bier kaufen wollten, fiel mir in dem Laden ein Mann auf, der uns auffällig anstarrte. Er trug einen Tarnanzug und einen Jägerhut. Ein unangenehmer Schauer lief mir durch den Körper, als ich ihn ansah, denn ich erkannte in dem Blick des Mannes den gleichen wahnsinnigen Ausdruck der Gewaltbereitschaft, der mir aus den Straßen von New York nur allzu bekannt war. Ich versuchte, das unheildrohende Gefühl abzuschütteln. Als wir aus dem Laden gingen, folgte er uns und stieg in seinen Pickup. Ich spürte sofort, dass das nichts Gutes bedeutete. Etwas lag in der Luft. Ich warf einen Blick auf den Pickup und gewahrte einen Waffenständer im hinteren Bereich der Fahrerkabine, auf dem ein Gewehr und eine Schrotflinte standen. Evan hatte die Waffen ebenfalls entdeckt. Als wir ungefähr eine Viertelmeile die Straße heruntergegangen waren, startete der Mann seinen Motor und folgte uns langsam mit seinem Fahrzeug.

Es war nicht schwer zu erraten, was in seinem Kopf vor sich ging. Er wusste, dass wir zu Fuß aus der Stadt raus und durch unbewohnte Wälder bis zu unserer Schule wandern mussten. Er würde uns folgen, uns dann irgendwo in der einsamen Wildnis auflauern und dafür sorgen, dass es zwei Hippies weniger auf dieser Welt gab. Niemand würde irgendetwas bemerken, und selbst, wenn wir gefunden würden, würde es niemanden kümmern.

Immer wieder sahen Evan und ich uns um und versuchten, cool zu wirken. Plötzlich schnappte Evan nach Luft. „Doug! Er hat den Laster angehalten und holt sein Gewehr!"

„Renn so schnell du kannst!" rief ich. Wir sprangen von der Straße und warfen uns in das dichte Gebüsch. Dornen und Disteln zerkratzten uns, Äste schlugen uns ins Gesicht, wir nahmen es kaum wahr. Durch unseren Körper pulsierte eine Überdosis Adrenalin, unsere Füße flogen förmlich über den Boden. Wir konnten bald einen halbwegs sicheren Abstand zwischen ihn und uns setzen. Als wir uns weit genug entfernt fühlten, hechteten wir mit einem Kopfsprung ins dichte Unterholz. Unser Herz schlug wie ein Hammer in unserem Hals, Schmerzen stachen in unserer Brust, wir zwangen uns, unseren Atem einigermaßen unter Kontrolle zu bekommen.

Wir hörten, wie er ganz in der Nähe vorbeitrampelte. Nach kurzer Zeit hielt er inne und wir wussten, dass er darauf wartete, dass wir herauskamen. Plötzlich fing er an, ziellos ins Unterholz zu schießen. Er wollte uns so zwingen, unser Versteck aufzugeben. Der Gewehrschuss war so laut, dass allein von dem Knall die Blätter von den Bäumen fielen. Eine Kugel pfiff direkt über unsere Köpfe hinweg und bohrte sich in einen der Bäume hinter uns, wodurch wieder ein Blätterregen auf uns niederging. Nach einigen Minuten hörten wir, wie sich seine Schritte entfernten.

Eine Ewigkeit lang lagen wir regungslos auf dem Waldboden. Dann hörte ich plötzlich eine Tüte rascheln und sah entsetzt zu Evan hinüber. Er versuchte, so leise wie möglich einen Sechserpack aus dem Beutel zu ziehen.

„Was machst du da?" flüsterte ich irritiert. Ich dachte, dass er sich mit seinem genialen Einfallsreichtum vielleicht irgendein Ablenkungsmanöver ausgedacht hatte. Stattdessen zog er eine Flasche Bier aus der Verpackung und machte sich daran, den Verschluss zu öffnen. Das Bier schäumte hoch auf, weil es durch das Rennen kräftig durchgeschüttelt worden war. Evan setzte die Flasche an seine Lippen und trank ohne abzusetzen.

„Wenn ich schon sterben muss, dann will ich dabei wenigstens betrunken sein", flüsterte er. Nachdem er seine zweite Flasche heruntergespült hatte, verlor er langsam seine Hemmungen. Er stellte sich aufrecht hin und lugte durch die Büsche.

„Er ist weg!" sagte er ziemlich laut. Ich stand so leise wie möglich auf, und gemeinsam schlichen wir auf Zehenspitzen bis zur Straße, während wir uns ständig nach allen Seiten umsahen, immer auf der Suche nach einem sicheren Platz, zu dem wir springen konnten, falls unser Verfolger plötzlich wieder auftauchte.

Dann sahen wir ihn. Er stand auf der Straße und wartete, ungefähr 150 Meter von uns entfernt. „Da ist er! Er sitzt in seinem Pickup!" flüsterte ich in Panik. Offenbar meinte er, dass er den längeren Atem hatte und bloß abzuwarten brauchte, bis wir wieder auf der Straße auftauchten.

„Ich höre ein Auto kommen", sagte ich zu Evan, völlig außer Atem. Wir beobachteten vorsichtig, wie es näher kam. Unsere Herzen taten einen Sprung, als wir sahen, dass Dottie, eine Lehrerin von Pinehinge, hinter dem Steuer saß und ein paar Schüler zur Schule zurückfuhr. Wir rannten aus unserer Deckung mitten auf die Straße, fuchtelten mit den Armen und schrien: „Halt! Halt!" Sie hatte keine andere Wahl, als den Wagen anzuhalten, sonst hätte sie uns überrollt. Sie kurbelte das Fenster herunter.

„Ich kann euch nicht mit zurücknehmen, mein Auto ist voll", sagte sie.

„Du musst uns mitnehmen!" brüllte ich. „Siehst du den Typen dort hinten in seinem Auto? Er hat auf uns geschossen!" Gerade hatte er den Motor seines Pickups wieder angelassen. Dottie erfasste die Situation mit einem Blick.

„Kommt rein, schnell!" rief sie. Sie brauchte uns nicht anzutreiben. Mit einem Sprung warfen wir uns auf die anderen Kinder und knallten die Tür zu. Mit quietschenden Reifen fuhr sie an und jagte mit Höchstgeschwindigkeit in

Richtung Schule. Als sie nach einiger Zeit in den Rückspiegel schaute, war er nicht mehr zu sehen. Langsam trauten wir uns wieder zu atmen.

Da einige von uns fast nie zu den Mahlzeiten erschienen, mussten wir andere Möglichkeiten finden, uns unser Essen zu besorgen. Zuerst plünderten wir die Küche und nahmen, was wir wollten. Dann war eines Tages ein Vorhängeschloss vor der Tür. Das war für uns kein Problem. Wir bauten einen Tunnel in den Keller, wo die Vorräte aufbewahrt wurden, und bedienten uns dort. Sie wechselten ständig die Vorhängeschlösser, aber das mit dem Tunnel haben sie nie herausbekommen. Wir stahlen so viel Nahrungsmittel, dass die Schule bankrott ging und schließlich geschlossen werden musste.

Bin ich mit all dieser „Freiheit" glücklich geworden? Wohl kaum. Ich bin mir sicher: Das war eines der schrecklichsten und unglücklichsten Jahre meines Lebens. Ich konnte keinen Sinn in meinem Leben erkennen. In der Militärschule mit all ihren Vorschriften und Restriktionen war ich glücklicher gewesen als in der freien Schule, wo wir absolut keine Regeln und Gesetze hatten und nur Zügellosigkeit herrschte.

KAPITEL 5

Die geheime Höhle

Immer wieder kamen uns faszinierende und aufregende Gerüchte über die Hippiekommunen und das traumhafte Klima in Südkalifornien zu Ohren. Niemals wurde es kalt, auch nicht im Winter. Man konnte draußen übernachten und das Essen wuchs einem in den Mund. „Das ist genau das Leben, das ich mir vorstelle!" sagte ich zu Jay. „Ich möchte von der Hand in den Mund leben und keinem Rechenschaft schuldig sein."

„Ja, Mann!" sagte er begeistert. „Wir sind 15 Jahre alt. Wir können für uns selbst sorgen. Wir können uns die Sache ja einmal ansehen!"

Während der Frühlingsferien machten wir uns von Pinehinge auf und trampten nach Südkalifornien. Am Stadtrand von Palm Springs schlugen wir unser Lager auf. Eines Tages nahmen uns ein paar Hippies in ihrem alten Bus mit ins Stadtinnere. „Wo ist hier ein guter Platz zum Rumhängen. Ihr wisst schon, wo man 'ne Party feiern kann?" fragten wir.

„Wir fahren nach Tahquitz Canyon", sagte ein hochgewachsener junger Mann mit Bart. „Es ist weit genug von der Stadt entfernt, so dass uns die Bullen nicht belästigen, und wir können unsere Joints rauchen, Bier trinken und so viel Krach machen, wie wir lustig sind. Wir wollen heute Nachmittag rüberfahren. Wollt ihr mitkommen?"

Ich guckte Jay an. „Spitze!" sagten wir wie aus einem Mund.

Obwohl der Tahquitz Canyon 15 Meilen lang ist, hielten die meisten Leute sich nur am Anfang des Tals in der Nähe von Palm Springs auf, wo sie Partys feierten oder ihre Zeit sonstwie rumbrachten. Die Schönheit dieses Fleckchens Erde verschlug mir die Sprache. In diesem abgelegenen Wüstental gab es Bäume und Gras und einen Wasserfall, der mich in seinen Bann zog. Er sah aus wie ein riesiges, lebendes Wesen, wie er da zuerst in Kaskaden über die großen, glatten Felsen heruntersprang, sich dann im freien Fall mit gewaltigem Rauschen tief hinunter auf die Felsbrocken dort unten stürzte, um sich anschließend in einer silberschimmernden

Dunstwolke wieder in die Luft zu erheben. Die Sonne glitzerte durch die unzählbaren, winzigen Wassertropfen und zauberte einen wunderschönen Regenbogen. Kein Wunder, dass vor dieser Kulisse schon viele Filme gedreht worden waren!

Als wir dort so unsere Zeit genossen und Marihuana rauchten, sahen wir einen Mann und eine junge Frau aus der Tiefe des Canyons herunterkommen. Sein langes Haar war von der Sonne ganz ausgebleicht worden und seine dunkle, lederartige Haut und sein unförmiger Bart ließen die Erinnerung an eine Bergziege aufkommen. Seine nackten Füße erregten mein Interesse. Wie konnte er bei all den Kakteen in der Gegend barfuß laufen? fragte ich mich.

Die Frau ging hinter ihm, eine Schönheit von vielleicht 18 Jahren mit großen braunen Augen, lang herunterfließendem, dunklen Haar und einer glatten, olivfarbenen Haut. Sie sah halb italienisch, halb hawaiianisch aus. Auf ihrem Rücken trug sie ein Baby, das höchst putzig aussah. Seine braungebrannte Haut stach in einem scharfen Kontrast von den schneeweißen Haaren ab, die kerzengerade von seinem Kopf abstanden, als hätte es mit seinen Fingern in eine Steckdose gefasst. Ich erfuhr, dass dieses Baby in Tahquitz Canyon geboren worden war und dass sie es deshalb Teway Tahquitz genannt hatten.

„Woher kommt ihr?" fragte ich den Mann. Er hielt inne und sah mich an.

„Von Zuhause", erwiderte er.

„Du meinst, ihr lebt dort oben?" Ich zeigte in Richtung Canyon. „In was wohnt ihr?" Ich versuchte, meinen Tonfall dem Hippieslang anzupassen.

„Oh, in einer Höhle", sagte er locker.

Mir als Stadtkind blieb der Mund offen stehen. Seine Antwort haute mich um. „Mann! Eine Höhle! Das möchte ich mal sehen! Hättet ihr was dagegen, wenn ich mit euch komme?" Ich sprudelte vor Aufregung.

„Du bist herzlich eingeladen", antwortete er. „Wir laufen in die Stadt, um einige Lebensmittel einzukaufen. Außerdem wollen wir versuchen, diese beiden Welpen loszuwerden." Er hielt zwei der süßesten Hundebabys hoch, die ich je gesehen hatte.

„Der Vater ist Kojote und die Mutter ist halb Kojote, halb Hündin", erklärte er. „Wir werden wahrscheinlich in ungefähr zwei Stunden zurück sein. Du kannst dann mit uns gehen, wenn wir auf dem Rückweg sind."

Ungeduldig wartete ich auf ihre Rückkehr. Jay lag auf der Erde, die Augenlider halb geschlossen, zu besoffen um mitzukriegen, was vor sich ging. Als sie endlich wieder auftauchten, schloss ich mich ihnen an und wir begannen den Aufstieg zum Canyon.

„Ich heiße Jim", sagte er, als wir im Gänsemarsch den schmalen, gewundenen Pfad hinaufstiegen. „Und das ist meine Frau Sunny."

Ich wollte unendlich viel wissen und stellte während des Marsches eine Frage nach der anderen. Bald verwandelte sich die flache Steigung in einen steileren, felsigen Pfad. Ich musste schwerer atmen und konnte nicht mehr weitersprechen. Allerdings fand ich noch die Kraft, jedes Weilchen zu fragen: „Wie weit ist es noch?"

Jim sagte jedes Mal: „Ach, nicht mehr weit, es ist gleich hinter dem Hügel."

Ich sah vor uns einen kleinen Hügel und war mir sicher, dass ich es so weit schaffen würde. Bald fand ich jedoch heraus, dass er eigentlich von dem Berg sprach, der dahinter lag. Mir wurde sehr schnell klar, wie verweichlicht ich geworden war. Nachdem ich die Militärschule verlassen hatte, hatte ich mit Rauchen angefangen und ich rauchte nicht nur Nikotin-Zigaretten. Tatsächlich hatte ich an dem Tag schon Marihuana geraucht und dadurch fiel mir das Klettern noch schwerer. Meine Weggefährten jedoch stiegen stetig weiter, redeten und lachten, als wäre dieser Aufstieg ein Klacks. Dabei trug er eine ungefähr 20 kg schwere Trage mit Lebensmitteln auf dem Rücken und sie trug ebenfalls Lebensmittel und zusätzlich das Baby. Ich brauchte nur mich selbst zu tragen und konnte kaum mit ihnen mithalten.

Die Sonne ging unter und es wurde langsam immer dunkler. Ich fragte mich, wie sie überhaupt den Weg erkennen und sehen konnten, wo sie hintraten. Das einzige, was ich sah, waren die weißen Socken von Sunny, die aus ihren Stiefeln ragten. Sie schienen mit jedem Schritt auf und ab zu hüpfen. Ich stolperte hinter ihr her den Berg hinauf, manchmal auf allen Vieren und versuchte, irgendwie Schritt zu halten. Schließlich fragte ich völlig außer Atem: „Wollt ihr nicht mal anhalten und eine Pause machen?"

„Nee, wir machen unsere Pause gewöhnlich an einem anderen Platz", sagte er.

Ich kollidierte ein paar Mal mit einem Kaktus und obwohl es fürchterlich schmerzte, gab das mir doch die Chance, ein wenig zu verschnaufen, weil sie jedes Mal so lange warteten, bis ich die Stacheln wieder herausgezogen hatte.

„Wie weit ist es noch?" fragte ich, völlig aus der Puste.

„Ach, nur noch ein kleines Stückchen."

In New York bedeutete „ein kleines Stückchen" ein oder zwei Straßenblocks. Für Jim bedeutete es wohl eher ein oder zwei Meilen, und das bergan. Schließlich erreichten wir den Gipfel des Höhenzuges, der sich ca. 1.400 Meter hoch über Palm Springs erhob. Was für eine unglaubliche Aussicht bot sich da! Wir konnten hinunter auf die dunkle Wüste und die vielen Lichter der verschiedenen Städte dort unten sehen, die sich in dem Tal aneinanderreihten: Palm Springs, Desert Hot Springs, Cathedral City, Palm Desert und Indio. Hier machten wir unsere Pause und sie rauchten etwas Marihuana. Ich war gerade wieder zu Atem gekommen, als sie ihre Sachen aufluden und sich wieder aufmachten.

„Ist es noch weit?" fragte ich.

„Nö", versicherte er mir. „Von hier aus geht es die meiste Zeit bergab." Es ging bergab, in der Tat, aber es war so steil, dass ich mir bei jedem Schritt die Gelenke verdrehte, und ich musste meine Hacken tief in die Erde rammen, um nicht abzurutschen. Dann hörte ich plötzlich das Geräusch von Wasser und kurz darauf liefen wir an einem Bach entlang, immer im Zickzack hin und her über den Wasserlauf. Sie kannten genau die Stellen, wo die Felsen lagen, aber ich rutschte immer wieder ab und wurde ganz nass, ganz zu schweigen von den Baumzweigen, die mir ständig ins Gesicht schlugen. Der karge Wüstenboden hatte sich hier, wo es Wasser gab, in einen Dschungel verwandelt.

Als ich an dem Punkt angelangt war, dass ich glaubte, keinen einzigen weiteren Schritt gehen zu können, erreichten wir die Höhle. Jim zündete eine Kerze an, aber ich war so todmüde, dass ich nicht viel um mich herum wahrnahm. Ich beobachtete nur, wie Sunny einen klammen Schlafsack entrollte. „Du kannst hier schlafen", sagte sie. „Wir gehen hoch in unsere Sommerhöhle."

„Sommerhöhle?" Ich war verdattert und ängstlich. Sie verschwanden in der Dunkelheit und ließen mich mutterseelenallein an diesem unheimlichen Ort zurück. Ich kroch in den feuchten Schlafsack und rollte mich zu einer Kugel zusammen. Ganz in meiner Nähe waren rappelnde Geräusche zu hören, die, wie ich später erfuhr, von Mäusen stammten. Aber in meiner Vorstellung hätten es genauso gut Klapperschlangen sein können, die sich direkt neben mir schlängelten, oder Pumas, die sich an mich heranschlichen. Ich war so müde, dass mir alles egal war. In der Ferne hörte ich Kojoten heulen, Eulen ließen ihr klagendes „Huhuuu!" hören und das Rascheln in der Höhle nahm kein Ende. Aber schließlich hatte ich mich so weit erwärmt, dass ich in Schlaf fallen konnte.

Als ich am Morgen aufwachte, bot sich mir eine unbeschreibliche Welt. Wenn mir nicht jeder Knochen und jeder Muskel wehgetan hätte, ich hätte geglaubt, ich war gestorben und im Himmel. Die Sonne schien mit all ihrer Pracht, ein friedlicher Teich mit glasklarem Wasser lag fast direkt vor dem Eingang der Höhle und wurde von einem kleinen, gurgelnden Bach gespeist, ganz in der Nähe trällerten einige Vögel fröhlich vor sich hin. Jim und Sunny waren zurückgekommen und sonnten sich – im Adamskostüm – nicht weit von mir auf einem Felsen. Das Baby spielte in der Nähe des Wassers, und ein kleines Stück entfernt hatte sich die Kojotenhündin ausgestreckt und säugte ihre übriggebliebenen Jungen. Vom offenen Feuer wehte ein verführerischer Duft herüber und erinnerte mich daran, dass ich schon seit langer Zeit nichts mehr gegessen hatte. Das Wasser lief mir im Mund zusammen.

Die Gegenwart von zwei nackten Menschen irritierte mich, ich wusste gar nicht, wie ich mich benehmen sollte. Ich konnte mich nie so richtig daran gewöhnen, obwohl ich nach einiger Zeit wenigstens so tun konnte, als ob ich es gar nicht bemerkte. Ansonsten fand ich außerordentliches Gefallen an ihrem Lebensstil. Einen großen Teil ihrer Nahrung erhielten sie aus der Umgebung und lebten überwiegend von der Hand in den Mund. Es gab dort wilde Weintrauben und andere Beeren. Sunny kochte ein leckeres Gericht aus einem bestimmten Teil einer Schilfart, „Katzenschwanz" genannt. Außerdem hatten sie einen Gemüsegarten angelegt. Sie bauten sogar ihr eigenes Marihuana an. Wenn sie einmal Fleisch essen wollten, war auch das kein Problem. Herden von wilden Bighorn-Schafen durchstreiften die Berge. Zwar standen diese Schafe inzwischen unter Naturschutz, aber Jim ging einfach mit seiner Büchse los und brachte ein Schaf oder ein Reh mit nach Hause.

Ich wusste, dass ich hier nicht bleiben konnte. Jay wartete im Lager auf mich und würde sicherlich schon Ausschau nach mir halten. Aber ich fasste den Entschluss, dass ich eines Tages hierher zurückkehren und auch in einer Höhle leben wollte. Ein Leben als Höhlenmensch – was für eine Aussicht!

Am nächsten Tag machten Jay und ich uns wieder auf den Weg. Wir trampten in westlicher Richtung und landeten in Santa Monica [Stadtteil von Los Angeles, direkt am Pazifik], mit unseren Finanzen so ziemlich am Ende. Die Sonne berührte schon den Horizont, als unser Fahrer an einer Straßenecke anhielt.

„Ich lasse euch hier raus", sagte er. „Ich fahre in östlicher Richtung weiter."

„Danke für's Mitnehmen", sagten wir beide wie aus einem Mund, holten unser Gepäck heraus und knallten die Autotür zu.

„Uff", ließ sich Jay hören. „Wo bleiben wir jetzt heute Nacht? Ich würde hier in dieser Gegend sehr ungern auf der Straße schlafen, wer weiß, was hier für Typen rumlungern."

„Komm, wir fragen irgendjemanden, wo man hier billig ein Zimmer mieten kann", schlug ich vor.

„Du bist gut. Ich habe fast überhaupt kein Geld mehr", protestierte Jay.

„Hab ich auch nicht. Aber vielleicht finden wir irgendwas, was *wirklich* nicht viel kostet." An der nächsten Straßenecke saßen einige Obdachlose herum, rauchten und unterhielten sich. Ich ging auf sie zu. „Gibt es hier irgendwo einen Platz, wo arme Leute eine Mahlzeit kriegen und sich für die Nacht hinhauen können?"

Einer von ihnen zeigte die Straße entlang. „Zwei Straßenecken weiter gibt es ein Haus für Obdachlose. Da kann man für drei Dollar die Nacht pennen."

„Ja, und zwei Blocks weiter gibt es eine Missionsstation, wo ihr umsonst essen könnt. Ihr müsst euch nur vorher ihre Predigt anhören und dann kriegt ihr hinterher was von ihnen. Ihr müsst allerdings morgens spätestens um 8.00 Uhr da sein. Sie lassen euch dann rein und schließen die Türen ab. Wer nicht zur Zeit da ist, muss draußen bleiben."

„Danke vielmals", sagten wir und machten uns auf den Weg in Richtung Obdachlosenasyl.

Die Holzverschalung in dem alten Hotel sah schmutzig und verrußt aus und die Tapete hing in Fetzen von den Wänden. Wir bezahlten unsere drei Dollar und erhielten jeder einen Satz halbwegs sauberer Betttücher und ein Handtuch.

„Ihr könnt in Zimmer 218 schlafen", sagte der Portier am Empfang und reichte uns die Schlüssel. „Der Waschraum ist auf der rechten Seite, wenn ihr den Flur hinuntergeht."

Das „Hotel" hatte diesen typischen Geruch – eine Kombination von abgestandenem Zigarettenrauch, billigem Fusel und Urin. Aber wenigstens sahen die Laken so etwas wie gewaschen aus.

Wir hatten Mühe, am Morgen aus den Betten zu kommen, aber schließlich fanden wir uns doch mit zwanzig oder fünfundzwanzig Anderen vor den Toren der Mission ein. Die Türen öffneten sich pünktlich um 8.00 Uhr und wir strömten hinein. Jay und ich setzten uns ziemlich weit hinten hin.

Die Leute, die in dieser Mission arbeiteten, hatten ein ansprechendes Programm für uns vorbereitet und behandelten uns mit ausgesprochener Höflichkeit und Geduld, egal wie wir uns benahmen. Die „Gäste" hatten ein fürchterliches Betragen, aber sie schienen es nicht zur Kenntnis zu nehmen. Ein glatzköpfiger Mitarbeiter stand lächelnd auf und legte ein Zeugnis ab, während die Leute um mich herum quasselten und Witze rissen. Ein Penner rülpste laut und alle lachten. Aber der Glatzkopf ließ sich nicht irritieren und fuhr unbeirrt mit seinem Zeugnis fort. Er strahlte regelrecht mit seinem Lächeln und man konnte sehen, dass seine Fröhlichkeit echt und er ein wahrhaft glücklicher Mensch war. In der Reihe vor uns erbrach sich jemand über den ganzen Boden. Ein Mitarbeiter der Mission eilte herbei und machte alles sauber, während ein anderer dem armen Kerl half, das Badezimmer zu erreichen. Nach seinem Zeugnis sang der Glatzkopf noch ein Lied für uns. Während dieser ganzen Zeit fielen immer wieder Personen im Publikum einfach um, entweder, weil sie sternhagelvoll waren, oder aber aus Schwäche oder Hunger. Gottes Engel müssen diesen Haufen erbarmungswürdiger Kreaturen mit Trauer und größtem Mitleid angesehen haben.

Einer der jungen Männer, die das Programm gestalteten, hatte einen stämmigen, muskulösen Körper. Er sah aus wie Mister Universum. Er hätte wahrscheinlich mit Leichtigkeit zwei oder drei der großmäuligen Störenfriede nehmen und ihre Köpfe aneinander hauen können. Stattdessen stand er auf und legte ein brennendes Zeugnis darüber ab, was Jesus Christus für ihn getan hatte. Am Ende rief er uns auf, ebenfalls unsere Herzen Jesus zu übergeben. Ich konnte spüren, wie traurig er war, als niemand auf seinen Aufruf reagierte.

Als das Programm zu Ende war, geleitete man uns in einen Raum im hinteren Teil der Mission. Dort standen mit weißem Tischtuch gedeckte Tische und alles sah sauber und nett aus. Wahrscheinlich hatte ich Wasser und Brot erwartet, denn ich erinnere mich noch, wie überrascht ich war über das gute Essen, das sie uns dort servierten. Wir bildeten eine Schlange, um unsere Ration in Empfang zu nehmen – eine große Schüssel hausgemachten Eintopfs, eine großzügige Ration Brot und eine Tasse Kaffee. Es gab sogar Nachtisch – Kirschkuchen!

Ich konnte das alles irgendwie nicht verstehen. Man brauchte uns doch nur einmal anzusehen – dreckig, flegelhaft, ordinär und ruppig, wie wir waren. Aber sie behandelten uns mit ausgesuchter Höflichkeit, Würde und Respekt, als ob wir anständige menschliche Wesen wären. Irgendwie passte das mit dem, was ich bisher über das Christentum gehört hatte, nicht zusammen.

Dann hörten wir noch von einem anderen Platz, wo man umsonst etwas zu essen bekommen konnte – dem Hare Krishna Tempel. Eines Tages beschlossen wir, es einmal dort zu versuchen. Wir mussten ebenfalls erst ihren Gottesdienst besuchen – zwei Stunden lang. Einige Leute behaupteten, es sei eine falsche Religion, und das Ganze unterschied sich erheblich von jedem christlichen Gottesdienst, den ich je besucht hatte. Die Männer hatten ihre Köpfe bis auf einen kleinen Pferdeschwanz am Hinterkopf rasiert. Sie trugen weite, fließende, safrangelbe Gewänder. Auch die Frauen trugen diese weiten, fließenden Gewänder in verschiedenen Pink-, Blau- und Lilatönen. Mit Trommeln und Bassgitarre erzeugten sie einen monotonen Rhythmus, zu dem die Leute „tanzten". Sie schaukelten hin und her, sprangen im Takt auf und ab, schlugen ihre Tambourins, hoben die Arme hoch und bewegten sie hin und her, machten Sprünge durch die Luft. Während dieser ganzen Prozedur „chanteten" sie; jeder sang mit bei einem monotonen Singsang: „Hare Krishna, Hare Krishna, Krishna, Krishna, Hare Hare; Hare Ramah, Hare Ramah, Ramah, Ramah, Hare, Hare … "

Ich konnte sofort sehen, dass die Leute hypnotisiert wurden. Ich war viel im Showgeschäft herumgekommen und hatte genug gesehen, um das zu erkennen. Unsere optischen und akustischen Nerven besitzen bestimmte Eigenschaften, die man sich bei der Hypnose zunutze macht. Man übt auf diese Nerven ganz bestimmte Reize aus, die dann eine vorhersehbare Reaktion hervorrufen. Der gleichbleibende, dumpfe Beat zum Beispiel befördert eine Person in einen hypnotischen Zustand. Wenn dann ein Satz, der an und für sich keinen Sinn ergibt, immer wieder und wieder wiederholt wird, wird im Unterbewusstsein ein Gedanke gebildet. Nach einer gewissen Zeit ist das Denken so sehr mit diesen leeren, sinnlosen Gedanken angefüllt, dass die realen Sorgen und Frustrationen des Lebens aus unseren Gedanken verdrängt werden. Ein künstliches, falsches Gefühl des inneren Friedens macht sich breit - eine Art Euphorie. Dieser innere Frieden soll angeblich Gott sein. Unter dem Einfluss dieses Zaubers, dieses künstlichen Hochgefühls, geben die Leute bereitwillig ihren Besitz und ihr Geld an die Organisation.

Als ich sah, was hier ablief, ging ich auf die Toilette und blieb den größten Teil des „Gottesdienstes" dort, besonders während des Chantens. Als ich wieder herauskam, bemerkte ich, dass Jay Gefallen an diesem Zeug zu haben schien und ich fing an, mir Sorgen um ihn zu machen. Nach einer Joghurtmahlzeit, die mir nicht besonders schmeckte, sah ich zu, dass ich Jay schnappte und ihn hier wieder rausholte.

Die Frühlingsferien waren schon einige Tage vorbei und wir waren irgendwo – Tausende von Meilen von unserer Schule entfernt, auf der anderen Seite des Kontinents.

„Es wäre wirklich besser, wenn wir allmählich mal wieder an die Schule dächten", sagte ich.

„Was soll die Eile?" protestierte Jay. „Schließlich sind Frühlingsferien, hast du das vergessen?"

„Hab ich nicht vergessen. Aber ich erinnere mich auch, dass die Ferien vor zwei Wochen endeten und dass wir mindestens noch eine Woche brauchen, um wieder zurückzukommen. Also marsch, wir müssen uns auf den Weg machen."

KAPITEL 6

Verbrechen lohnt sich nicht

Als das Schuljahr in Pinehinge zu Ende war, kehrte ich nach Florida zurück, wo ich den Sommer mit meinem Vater verbringen sollte. Aber es war eine einzige Katastrophe. In Pinehinge hatte ich Blut geleckt und mein Bestreben nach uneingeschränkter Freiheit war unstillbar. Ich konnte mich in nichts hineinfügen und mein Vater wusste absolut nicht mehr, wie er mich anfassen und mit mir einigermaßen zurechtkommen sollte.

„Doug", sagte er eines Tages zu mir, „ich bin mit meiner Weisheit am Ende. Ich weiß nicht mehr, was ich mit dir machen soll. Wenn du dich nicht kooperativ zeigst und wie ein anständiges menschliches Wesen benimmst, musst du das Haus verlassen." Und mit gebrochenem Herzen sah er zu, wie ich in die Welt hinausstürmte. Im März war ich gerade sechzehn geworden.

Mit verletzter Seele, verwirrt und zornig war ich losgelaufen, ohne zu wissen, wohin ich eigentlich wollte. Ich kam bis zur mautpflichtigen Autostraße und trampte von dort aus auf der Interstate 95 in Richtung Norden. Ich traf einen großen jungen Mann namens Scott und wir beide schlossen uns zusammen. Er war muskulös gebaut und trug eine Brille, was ihm ein recht intellektuelles Aussehen gab, obwohl er kaum die Highschool besucht hatte.

Zusammen trampten wir von Miami nach Boston, wo Scott gelebt hatte, bevor er nach Vietnam gegangen war. Wir fanden bald Arbeit und es ging uns nicht allzu schlecht. Es dauerte allerdings nicht lange und ich fand heraus, dass Scott seine Einkünfte mit regelmäßigen Einbrüchen aufbesserte. Zuerst wollte ich nur einmal mitgehen, dann wurde daraus mehr und bevor ich mich versah, war ich voll mit im Geschäft. Aus mir war ein professioneller Krimineller geworden.

Innerhalb der folgenden Monate rutschte ich psychisch gesehen in solch ein Tief, dass ich jegliche Achtung vor mir selbst verlor, und auch für den Rest der Menschheit nichts als Verachtung übrig hatte. Scott und ich übernachteten in

Obdachlosenasylen, stahlen Autos, Fernseher und alles andere, was wir in die Finger bekommen konnten und was sich in bare Münze umsetzen ließ.

Wenn man als Sechzehnjähriger versucht, in einer Riesenstadt wie Boston auf eigenen Füßen zu stehen, bringt das so seine Schwierigkeiten mit sich, allein schon aufgrund der Alterseinschränkungen. Es dauerte allerdings nicht lange und ich besorgte mir einen Führerschein, der für Massachusetts galt und mich als 18-jährig auswies. Der Führerschein galt auch als eine Art Personalausweis und mit diesem falschen Ausweis schaffte ich es, eine Teilzeitbeschäftigung als Sicherheitsmann bei einer Firma mit Namen Business Intelligence zu bekommen. Das hieß gleichzeitig, dass ich jetzt eine Uniform hatte, einen Ausweis als Sicherheitsbeamter und einen Gummiknüppel besaß. Ich steckte den Ausweis in meine Brieftasche und fühlte mich ungeheuer wichtig, besonders wenn ich ihn zücken konnte, um alkoholische Getränke zu kaufen. Mein neuer Job verschaffte mir außerdem so allerhand Insiderwissen, das wir für unsere Einbrüche gebrauchen konnten.

Als ich bei dem Sicherheitsservice arbeitete, traf ich einen jungen Mann mit Namen Brad, der auch als Sicherheitsbeamter arbeitete. Er war ein recht stiller Typ und war in einer östlichen Religion mit Namen Shakti aktiv. Brad wusste, dass ich Stehlen ging. „Doug", sagte er zu mir, „eines Tages wirst du für all das, was du jetzt machst, bezahlen müssen. Nichts, was man tut, bleibt ohne Folgen."

„Wie meinst du das?" fragte ich zurück.

„Ich spreche von deinem Karma. Alles, was geschieht, kehrt eines Tages zurück. Was du anderen Leuten antust, wird dir eines Tages angetan werden."

„Das ist ja total verrückt, Mann!" schrie ich. „Ich habe einen Fernseher gestohlen; ich habe ihn weiterverkauft. Keiner hat mich erwischt, und keiner wird es je herausbekommen. Man wird mich nicht kriegen."

„Wart nur ab", sagte er ruhig.

Einige Tage darauf brach jemand in mein Appartement ein und klaute meinen Fernseher und ein Radio. Mensch, war ich sauer! Dann bemerkte ich, dass immer, wenn ich etwas Bestimmtes entwendete, es mir später wieder gestohlen wurde. Wenn ich Geld klaute, verschwand es einfach! Später fand ich heraus, dass mein Kumpel Scott mich beklaute! Ich entwendete ein Auto und prompt hatte ich zwei platte Reifen. Was mich allerdings ohne den letzten Zweifel wirklich überzeugte, war ein Vorkommnis, bei dem es eigentlich nur um eine Kleinigkeit ging, eine Nichtigkeit. Die ganze Sache war so deutlich und konnte kein Zufall sein, so dass ich es mit der Angst zu tun bekam. Als ich gerade in jemandes Haus war, stahl ich eine ungeöffnete Packung Fertigmix für Vollkorn-Pfannkuchen. Das Preisschild war noch auf der Packung, sie kostete 1,19 Dollar. (Ich trank zwar Alkohol, rauchte und nahm Drogen, aber ich achtete immer darauf, dass ich Vollkornprodukte aß, weil das ja gesund war!) Als ich nach Hause kam, stellte ich fest, dass einige meiner Freunde vorbeigekommen waren und sich über ein noch ungeöffnetes Glas Orangen-Getränkepulver hergemacht und es vollständig geleert hatten. Der Deckel lag neben dem leeren Glas und auf ihm klebte noch das Preisschild: $ 1,19!

„Hier spukt es ja wohl!" sagte ich zu mir selbst. „Irgendwo da draußen ist jemand, der mich beobachtet und alles weiß, was ich mache!" Das erste Mal in meinem Leben war ich wirklich in meinem Herzen überzeugt, dass es dort irgendwo einen Gott gab!

Als mich Brad einige Tage danach zu einem seiner religiösen Treffen einlud, zögerte ich nicht lange; ich sagte zu. Tatsächlich besuchte ich dann in den nächsten Wochen mehrere dieser Zusammenkünfte. Das meiste, was ich dort hörte, kapierte ich nicht, aber ich kam jedes Mal mit noch mehr Büchern und noch weniger Geld in der Tasche zurück.

Als ich eines Abends die Zeitung las, hörte ich plötzlich einen markerschütternden Schrei und das Geräusch von Fußgetrappel auf unserem Flur. Ich sprang wie von der Tarantel gestochen hoch, lief zur Zimmertür und öffnete sie einen kleinen Spalt. Ich sah Sugarman – einen schwarzen Zuhälter, der auf dem gleichen Flur wohnte -, wie er auf eines seiner Mädchen einschlug. Sie entriss sich seinem Griff und rannte los. Er schleuderte einen Besen hinter ihr her und ich schloss schnell die Tür.

„Ich hoffe, er bringt sie nicht um", dachte ich, während ich wieder in meinen Sessel sank. In diesem heruntergekommenen Wohnblock waren Streit, tätliche Auseinandersetzungen und Messerstechereien an der Tagesordnung, aber ich konnte mich eigentlich nie daran gewöhnen. Ich flippte die Asche von meiner Zigarette. „Bin ich eigentlich blöd, dass ich in diesem Dreckloch wohne und mit diesen fiesen Typen auch noch das Badezimmer teile? Nachts kann ich nicht schlafen, Partys ohne Ende, ständig ist Getöse oder irgendwas los. Mir hängt dieses Zimmer zum Halse heraus und überhaupt hängt mir dieses Leben zum Halse heraus!"

Das Telefon läutete und ich nahm ab.

„Hallo, Doug, hier ist Dad!" sagte die Stimme am anderen Ende der Leitung. „Ich hatte in New York geschäftlich zu tun und habe hier einen Zwischenstopp gemacht, um kurz Guten Tag zu sagen. Hättest du Zeit und Lust, dich für ein oder zwei Stunden mit mir irgendwo zu treffen?"

„Na klar, Dad. Darf ich dich zum Abendessen einladen?" fragte ich. Er sollte genau wissen, dass ich mein eigenes Geld hatte.

„Also, ich hatte eigentlich gedacht, dass ich dich einlade, aber warum nicht? Sag mir nur, wo wir uns treffen können."

Ich kannte einige wirklich tolle und extravagante Restaurants in Boston und ich wollte natürlich Eindruck auf ihn machen; also nannte ich ihm das teuerste, das mir einfiel, und gab ihm die Adresse.

Ich war vor ihm da und wartete draußen auf ihn. Bald fuhr ein Taxi heran und Dad kletterte heraus. Ein richtiges Glücksgefühl durchströmte mich und ich hatte das Bedürfnis, hinzulaufen und meine Arme um ihn zu schlingen, aber es war in unserer Familie nicht üblich, dass man sich umarmte. Wir grinsten uns nur an und gaben uns die Hand.

Im Restaurant führte uns ein Kellner zu unseren Plätzen und wir unterhielten uns eine Weile. Nachdem wir unsere Bestellung aufgegeben hatten, kam er auf den eigentlichen Grund seines Besuches zu sprechen. „Doug, ich habe das Gefühl, als wenn ich dich irgendwie im Stich gelassen habe, und es tut mir leid. Kannst du mir noch einmal eine Chance geben?"

Bei diesem unerwarteten Bekenntnis kamen mir fast die Tränen. Aber ich zögerte. „Was willst du, Dad?" fragte ich vorsichtig.

„Nun, ich denke an deine Schulausbildung", erwiderte er. „Du solltest eigentlich zur Schule gehen. Du bist erst sechzehn, denk daran."

„Aber Dad", ich spürte, wie ich schon wieder die Beherrschung verlor, „ich bin sehr wohl in der Lage, gut für mich selbst zu sorgen!" Ich holte ein dickes Bündel Geldscheine aus der Tasche und hielt es ihm unter die Nase. Es beeindruckte ihn nicht. „Außerdem weißt du, was für eine Einstellung ich zur Schule habe", fügte ich hinzu.

Er hob beschwichtigend seine Hand. „Warte doch mal ab, Doug. Du hast ja noch gar nicht zu Ende gehört. Ich habe mit einem Freund von mir gesprochen und er hat mir von einer Schule erzählt, die an Bord eines Schiffes ist. Es ist ein Segelboot und es segelt um die ganze Welt. Die Schüler sind gleichzeitig die Mannschaft. Der Unterricht findet an Bord statt und das Schiff geht an allen möglichen exotischen Punkten dieser Welt vor Anker. Du kannst kommen und gehen, wie du willst und dir werden die verschiedensten Aktivitäten geboten. Du kannst Tiefsee tauchen und Wasserski fahren und es gibt eine Menge Mädchen. Das Schuljahr hat gerade angefangen und das Schiff ist zurzeit irgendwo im Mittelmeer."

Das klang einfach zu schön, um wahr zu sein. „Wie heißt das Schiff?" fragte ich lapidar und vermied sorgfältig, meine Begeisterung zu deutlich zu zeigen.

„Es ist die *Flint School Abroad*", sagte er.

„Also, ich weiß nicht." Ich gab mich zögerlich. Lange Zeit saßen wir uns schweigend gegenüber. Ich war mir nicht sicher, ob ich mich jemals wieder in eine feste Struktur würde einfügen können, wo ich Anordnungen und Befehle entgegennehmen musste. Auf der anderen Seite klang das Angebot aber wirklich verlockend und versprach, Spaß zu machen. Ehrlich gesagt war ich es auch einfach müde, mich allein durchs Leben zu schlagen. Schließlich sagte ich: „Vielleicht sollte ich es mal versuchen."

Ein Ausdruck der Erleichterung erschien auf dem Gesicht meines Vaters und ich konnte Tränen in seinen Augen erkennen. Innerlich hüpfte ich vor Freude. Wenn ich nur gewusst hätte, was wirklich auf mich zukam!

KAPITEL 7

Mit dem Schiff außer Landes

Dad strich alle seine geschäftlichen Termine, damit er mich auf meinem Flug nach Genua in Italien begleiten konnte. Hier lag die Schule im Dock. Wir genossen es ausgiebig, auf diesem Flug zusammen zu sein, und ich spürte, dass er mich gern hatte. Als wir gemeinsam an Bord des Schiffes kletterten, klopfte er mir sogar väterlich auf den Rücken. Nachdem er mir geholfen hatte, mich einzuschreiben und meine Sachen an Bord zu tragen, drückte er kräftig meine Hand und sagte Auf Wiedersehen. „Viel Glück, mein Sohn. Streng dich an, und wir sehen uns dann Weihnachten!"

„Okay, Dad", sagte ich. Nachdem er gegangen war, packte ich meine Sachen weg und ging los, um meine neue Heimat auf eigene Faust zu erkunden.

Es dauerte nicht lange, bis ich mir ein Urteil über die Kids gebildet hatte, die hier in dieser Schule zusammenwürfelt waren. Viele von ihnen waren Söhne von Senatoren und Politikern, die – wie ich – wild und unkontrollierbar waren und eine Bedrohung für den guten Ruf ihrer Väter zu Hause darstellten. Wenn sie nicht im Lande waren, konnte niemand etwas Negatives über sie erfahren. Andere waren straffällig geworden, Kinder superreicher Eltern, die sich nicht mit den Nichtigkeiten der Kindererziehung und den Problemen Heranwachsender herumschlagen wollten. Sie gaben ihre elterlichen Pflichten einfach an die Schule ab. Etliche der Jungen hauten mich während meiner ersten Tage an: „Hast du irgendwelche Drogen mitgebracht?"

Was man Dad über diese Schule erzählt hatte, stellte sich als nur *teilweise* wahr heraus. Tatsächlich waren wir im gewissen Sinne nichts anderes als Gefangene. Wir durften uns nicht mit den Mädchen anfreunden, und natürlich durften wir auch nicht rauchen und trinken, geschweige denn Drogen nehmen. Wenn wir an Land gingen, nahmen sie unsere Pässe in Gewahrsam. In einem Land wie Italien fackelte man nicht lange. Wenn sie dich ohne Pass erwischten, sperrten sie dich ein und warfen den Schlüssel weg. Wir hüteten uns deshalb, irgendetwas zu tun, was auch nur das geringste Aufsehen erregen konnte. Natürlich habe ich in der ganzen Zeit, in der ich auf diesem Schiff war, kein einziges Mal irgendetwas gemacht, was man Sport nennen konnte, weder Tiefseetauchen, noch Wasserskifahren, noch irgendetwas anderes.

Das wissenschaftliche Programm der Schule zentrierte sich um die Evolutionstheorie, und diejenigen an Bord, die an eine Schöpfung glaubten, wurden ausgelacht und als Idioten hingestellt. Die Filme, die wir im Unterricht sahen, stellten Darwin als Helden dar.

„Es gibt keinen Gott", sagte uns der Lehrer. „Ihr müsst euch euren eigenen Gott schaffen. Wenn ihr auf jemanden drauftreten müsst, um euer Ziel zu erreichen, zögert nicht, tut es. Wenn ihr es nicht tut, wird euch jemand anders zuvorkommen." Diese kalte Philosophie hinterließ in mir ein Gefühl der Einsamkeit und Isolation, mehr als ich es je gespürt hatte.

Ich war immer noch auf der Suche nach Gott durch östliche Religionen wie Shakti, und ich wollte nicht, dass irgendjemand mir vorschrieb, was ich zu glauben hatte. So verbrachte ich mehr und mehr Zeit allein in meinem Zimmer, wo ich meditierte und auf einer kleinen Holzflöte spielte. Die anderen Jungen trieben deshalb ihren Spott mit mir, aber ich ließ sie gewähren.

Alle Schüler kamen aus reichen Elternhäusern, aber wenn man sich das Essen ansah, das sie uns dort vorsetzten, würde man das kaum angenommen haben. Nachtisch gab es so selten, dass Snickers oder andere Schokoriegel als ein seltener Leckerbissen angesehen wurden und zum Zahlungsmittel für alle möglichen Tauschgeschäfte avancierten. Für einen Riegel mussten wir 2.500 Lire hinblättern, das war mehr als doppelt so viel, wie wir zu Hause bezahlt hätten.

Eines Tages schneite ein Junge namens Eric in meine Kabine herein. „Wirklich zu schade, dass wir nicht ein bisschen LSD haben, Doug", sagte er. „Ich würde einfach alles für ein Stück Acid geben."

„Tut mir leid, ich hab absolut gar nichts", sagte ich ihm; aber nachdem er gegangen war und ich noch über das Gesagte nachdachte, fing mein Gehirn an zu arbeiten. LSD kann man in verschiedenen Zubereitungsformen bekommen und „Acids" sind kleine durchsichtige Vierecke auf Gelatinebasis, die ungefähr 1/3 cm im Quadrat sind. Ich riss aus meiner Brieftasche ein Plastikfenster heraus, hinter das man Fotos stecken konnte und schnippelte zwei winzige Quadrate aus. Sie sahen einem LSD-Trip täuschend ähnlich.

Als ich Eric das nächste Mal traf, sagte ich: „Du wirst es wahrscheinlich kaum glauben, aber ich habe zufällig noch zwei Acid-Trips gefunden."

Seine Augen leuchteten auf. „Super!" rief er enthusiastisch. „Kannst du mir einen verkaufen? Was willst du dafür haben?"

„Also, ich will zwei Schokoriegel für einen Trip."

„Abgemacht", sagte er. „Ich habe welche hier in meinem Schrank."

„Wart mal eine Sekunde, Eric. Ich weiß nicht, ob dies Zeug wirklich noch gut ist. Ich hatte es schon ziemlich lange in meiner Brieftasche." (Was natürlich sogar stimmte.)

„Hey, Mann, ist schon okay." Er wischte meine Bedenken vom Tisch. „Ich lasse es drauf ankommen." Wir tauschten unsere Waren und ich drehte mich zum Gehen. „Übrigens", gab ich dann noch zu bedenken, „diese Sorte schmilzt nicht im Mund. Du musst das Zeug auf einmal herunterschlucken." Grinsend ging ich zu meiner Kabine zurück und setzte mich auf meine Bettkante. Ich riss die Verpackung von dem ersten Riegel und biss ein ordentliches Stück ab. Ich kaute langsam und genießerisch. Der Riegel war wirklich lecker, eine klebrige Zuckermasse mit knackigen Nüssen, von Schokolade umhüllt. „Hmmmh, lecker! Bis der merkt, dass er eigentlich meine Brieftasche gegessen hat, wird das hier längst verputzt sein", lachte ich leise vor mich hin.

Obwohl ich ihn ziemlich pfiffig ausgetrickst hatte, plagte mich mein schlechtes Gewissen. „Naja", versuchte ich mich zu beruhigen, „er hätte das gleiche mit mir gemacht, wenn er drauf gekommen wäre."

Als er am nächsten Morgen an meiner Tür auftauchte, machte ich mich auf einiges gefasst. „Jetzt geht es mir an den Kragen", dachte ich.

Er schloss die Tür hinter sich, aber er sah gar nicht wütend aus. Tatsächlich lächelte er sogar. „Weißt du, dieses Acid ...", plapperte er los. „Also, zuerst passierte überhaupt nichts, und ich legte mich schlafen, aber dann bin ich mitten in der Nacht aufgewacht und hatte einen Wahnsinnstrip! Ich war den ganzen Rest der Nacht high!"

Er verdrehte seine Augen und lehnte sich gegen meine Tür.

Ich muss ihn wahrscheinlich ziemlich entgeistert angestarrt haben, denn plötzlich wurde mir bewusst, dass ich mit offenem Mund da stand. „Naja, äh, kannst mal sehen!" murmelte ich. Als ich später in der Bibel mehr über den Glauben las, musste ich an Eric denken. Der hat wirklich an dieses Stück Plastik geglaubt!

Es gibt das Sprichwort, dass es im Schützengraben keine Atheisten gibt. Ich habe am eigenen Leibe erlebt, dass es auch in Stürmen auf hoher See keine Atheisten gibt. Eines Abends segelten wir mit einem ziemlichen Affenzahn in Mittelmeergefilden. Wir waren ein gutes Stück von der Küste Sardiniens entfernt. Innerhalb weniger Stunden verwandelte sich die Brise in ein heulendes Wüten und die kabbeligen, tänzelnden Wellen wurden zu riesigen Wasserbergen von bis zu zehn Metern Höhe. Der Bug richtete sich hoch auf, wenn er auf eine große

Welle traf und fiel dann plötzlich in das darauf folgende Wellental runter. Das gewaltige Steigen und Fallen des Schiffes hatte die junge Mannschaft innerhalb kurzer Zeit in einen grünlich aussehenden Haufen spuckender Gesellen verwandelt, die an der Reling hingen und ihr Abendessen den Fischen opferten. Viele schafften es nicht einmal bis zur Reling, so dass das Deck sehr schnell mit einer schlüpfrig-ekligen Masse bedeckt war, zwischen der sich die armen Jungen würgend krümmten und erbrachen.

„Weg von der Reling!" brüllte der Kapitän. „Wenn einer von euch über Bord gespült wird, werden wir uns nicht einmal die Mühe machen, deswegen beizudrehen. Bis wir euch in einer Nacht wie dieser finden, seid ihr längst an Schock und Unterkühlung gestorben. Wir machen nur ein Kreuz auf die Seekarte und zeigen euren Eltern, wo ihr gestorben seid." Wahrscheinlich bluffte er nur, aber wir waren uns nicht sicher.

Das Wüten des Sturms nahm weiter zu, Brecher krachten über das Vorschiff und schütteten Tonnen von Wasser auf das Deck. Wenn sich das Schiff aufbäumte, um auf die nächste Welle zu treffen, ergoss sich das Wasser über das Deck bis zum Heck und fegte alles hinweg, was nicht niet- und nagelfest war. Schwimmwesten, Kisten und zertrümmerte Teile wippten und strudelten bald auf der Wasseroberfläche und wurden vom Deck ins Meer gewirbelt, als die Wellen vom Bug bis zum Heck über die Planken stürzten. Das aufgeblasene Rettungsfloß zerrte und rüttelte bedenklich an der dünnen Leine, mit der es befestigt war, jeden Augenblick konnte es mit in die wahnsinnigen Fluten gerissen werden.

„Schnell, Jungs", rief der Kapitän mir und Ralph zu, den einzigen, die die Seekrankheit nicht darnieder gestreckt hatte. „Sichert das Rettungsfloß, bevor es von der nächsten Woge mitgerissen wird." Ralph, dessen millionenschwerer Vater in Virginia lebte, war groß und blond und ein hinterwäldlerisches Landei – ein nicht zu bändigender Individualist. Die nächste Welle krachte aufs Schiff, als wir gerade das Rettungsfloß erreicht hatten, und warf uns mit aller Gewalt kopfüber gegen das Floß. Durch unser zusätzliches Gewicht zerbarst das Tau und wir wirbelten mitsamt dem Floß über das wasserüberflutete Deck. „Jippieeeee!" brüllte unser Landei, während wir dahinflogen. Mit einem Blick hatte ich jedoch erkannt, dass wir direkt auf die Reling zuschossen, und mein Herz setzte einen Schlag aus. Was, wenn die Reling nicht hielt! Wir wurden so plötzlich in unserer Fahrt gestoppt, dass wir fast über die Seiten hinaus flogen, aber wir grabschten die Reling und hielten uns verzweifelt mit aller Kraft fest. Ich weiß nicht wie, aber irgendwie schafften wir es, das Rettungsfloß zu sichern und diese gefahrvolle Situation zu überleben. Aber bevor wir uns gegenseitig beglückwünschen konnten, schlug schon die nächste, noch größere Welle zu und das große

Hauptsegel zerfetzte. Das versetzte uns schlagartig in eine höchst gefährliche Situation. Wenn das Hauptsegel nicht mehr für die Schubkraft nach vorne sorgen konnte, konnten wir seitwärts abdriften und von den Wellen in voller Breitseite getroffen werden.

Das überlaute Geräusch beim Zerreißen des Hauptsegels hatte jeder gehört. Alle kamen gerannt, seekrank oder nicht. Der Segelfetzen fing an, wie wild in dem kreischenden Sturm hin und her zu schlagen. Viele Hände wurden benötigt, um es einzuholen, abzuschäkeln und das Ersatzsegel zu setzen. Wir kämpften mit dem Tauwerk, während das Schiff hin und her schlingerte, Wassermassen zerrten an unseren Beinen und wir hatten Mühe, nicht umgerissen zu werden, aber schließlich schafften wir es, das Segel herunterzuholen und abzuschäkeln. Ich sah, wie sich bei vielen die Lippen bewegten und wusste, dass einige meiner atheistischen Freunde beteten. Irgendwann hatten wir auch das Ersatzsegel angeschlagen, so dass es am Hauptmast gesetzt werden konnte. Wir brauchten aber jemanden, der den Führungsring des Segels am Mast auf dem Weg nach oben begleitete. Wenn man dies unterließ, könnte sich der Ring durch das Stampfen des Schiffes am Mast verkeilen und nicht mehr frei gleiten.

„Wir brauchen jemanden, der den Ring nach oben führt", schrie der Kapitän gegen den Wind an. „Wer macht es freiwillig?" Seine Augen schauten bittend in die Runde. Ich hatte keine Höhenangst, und ich war mir sicher, dass – wenn irgendjemand es schaffen könnte – ich in der Lage war, die Situation zu bewältigen. Ich hatte aus meiner Zeit in der Militärschule noch immer ziemlich viel Kraft.

„Ich melde mich freiwillig", rief ich. Ich konnte der Versuchung, den andern mal zu zeigen, was für ein Kerl ich war, einfach nicht widerstehen.

Ich kletterte auf den Bootsmannsstuhl, und die Männer und Jungen begannen, an der Winde zu drehen. Langsam wurde ich in die Höhe gehievt. Als ich ungefähr zwei Drittel der Höhe erreicht hatte, wurde das Schiff plötzlich 15 Meter nach vorne geworfen, und der Ring fing an, sich in das Holz des Mastes einzugraben. Er war so fest verkeilt, dass es unmöglich war, ihn zu bewegen und weiter nach oben zu schieben. Ich zog und zog mit aller Kraft, aber ich konnte den Ring nicht bewegen. Ich hörte, wie die straff angezogenen Taue knarrten und zerrten, weil die Leute an der Winde immer weiter drehten, und ich hatte Angst, dass sie gleich zerreißen würden.

„Halt! Halt! Es hängt fest!" schrie ich. Sie hörten mich nicht. Ich fing an, pausenlos zu brüllen, aber dadurch, dass das Segel nicht straff war, konnte der Sturmwind ordentlich hineinfahren und das lose Tuch mit aller Kraft hin und her schlagen lassen, was ein donnerartiges Getöse verursachte. Obwohl die Leute nur ca. 10 Meter unter mir waren, konnten sie mein Schreien nicht wahrnehmen.

Während dieser ganzen Zeit schaukelte das Schiff gefährlich von einer Seite zur anderen und der hohe Mast schwang in riesigen Bögen mit, tauchte beinahe in die großen Wellen auf der einen Seite, um mich dann wie eine Rakete durch die Luft auf die andere Seite zu schleudern und dort fast in die tobenden Wellen hineinzutauchen. Ich wusste, dass, wenn der Mast noch ein Stückchen weiter schwang, ich von meinem luftigen Sitz herunterfallen und in den Fluten versinken würde. Meine einzige Hoffnung war, vom Bootsmannsstuhl in das Netz hinunterzuspringen, das zwischen der Bordwand und dem Krähennest hoch oben gespannt war. Wenn ich an der Mastspitze gewesen wäre, hätte ich einfach direkt vom Mast auf das Netz klettern können, aber da ich nur auf zweidrittel Höhe war, war das Netz ein ganzes Stück vom Mast entfernt. Ich hatte mit fast übermenschlichen Kräften versucht, den festgesetzten Ring zu befreien, und meine Arme zitterten vor Anstrengung. Ich wusste, dass meine Kraft fast am Ende war. Mir war auch klar, dass ich beim Sprung das Netz leicht verpassen konnte, wenn sich das schlingernde Schiff gerade auf die Seite neigte. Ich würde dann ins kalte Wasser plumpsen und das wäre mein sicheres Ende.

„Oh Gott! Bitte rette mich!" schrie ich. „Lass mich nicht sterben!" Ich warf einen kurzen Blick nach unten und sprang. Gott sei Dank, mein Timing war genau richtig. Ich krallte mich mit den Händen in das Netz, klammerte die Beine durch die Maschen und hatte nur einen Gedanken: Festhalten! Es geht um dein Leben! Dort hing ich regungslos für eine ganze Zeit, bis ich mich wieder rührte und am Netz hinunterkletterte.

In der Zwischenzeit hatte der Kapitän das Problem erkannt und das Segel wieder runtergeholt. Ich stand dabei und sah zu, während meine Arme und Beine immer noch zitterten.

„Willst du es noch einmal versuchen?" fragte der Kapitän.

„Niemals!" antwortete ich. „Ich gehe in meine Kabine." Ich stieg vorsichtig über die Trümmer und losen Teile, die den Gang versperrten und suchte mir meinen Weg zu meiner Kajüte. Ich konnte das Stöhnen und Würgen der anderen Jungen in ihren Kabinen hören. Ein übler Gestank von Diesel und Erbrochenem lag in der Luft und stieg mir in die Nase. Ich erreichte gerade noch meine Kabinentür. Der Sturm hatte in meiner Kajüte ein heilloses Durcheinander verursacht, aber ich nahm kaum Notiz davon. Ich ließ mich kraftlos auf meine Pritsche fallen und hielt mich an der Bettstange fest. „Ich habe wirklich Glück gehabt, dass ich noch am Leben bin", schoss es mir durch den Kopf. Ich lag auf meinem Bett und dachte nach. Wie viele Gebete und Versprechen waren wohl in dieser Nacht zu Gott emporgestiegen? Ich fragte mich auch, wie viele dieser betenden Jungen wirklich ihr

Leben ändern würden, wenn wir diesen Sturm überlebten.

Irgendwie haben wir es tatsächlich geschafft, dieses Chaos zu überleben. Als wir endlich wieder in friedlichen Gewässern segelten, ging das Leben seinen gewohnten Gang weiter. Jeder tat so, als wenn überhaupt nichts passiert war. Alle Gebete und Schwüre waren vergessen. An diesem Tag wurde mir klar, warum für Gott Angst kein legitimes Mittel ist, um uns auf den rechten Weg zu bekommen. Wenn die Gefahr vorüber wäre, würden die allermeisten Menschen augenblicklich zu ihren alten Gewohnheiten zurückkehren.

Weil ich später zu dem Schiff gestoßen war, nachdem das Schuljahr schon angefangen hatte, waren die verschiedenen Wachdienste schon eingeteilt worden und mein Name erschien nicht auf dem Dienstplan für die Wache. Aber es gab noch andere Pflichten, beispielsweise Deck schrubben, Geschirr waschen und andere Routinearbeiten, die ich von Herzen hasste. Schließlich war ich wieder an dem Punkt, dass ich rebellierte. Ich weigerte mich, irgendeine Pflichtveranstaltung zu besuchen, zum Unterricht zu gehen oder irgendeine der Arbeiten zu erledigen, die mir aufgetragen waren. Ich saß nur in meinem Zimmer und meditierte. Es dauerte nicht lange, und der Kapitän hämmerte an meine Tür.

„Die Tür ist offen", rief ich.

Er stürmte herein und fing an, zu wettern und zu brüllen. „Was soll dieses Benehmen bedeuten, Batchelor? Du gehst nicht zum Unterricht. Du erfüllst nicht deine Pflichten. Du tust überhaupt gar nichts, was du tun sollst. Glaubst du, du kannst dich einfach über alle Regeln hinwegsetzen? Jeder muss sich hier unterordnen, auch du!"

„Warum sollte ich?" sagte ich angriffslustig. „Ich hasse es hier. Ich habe nicht darum gebeten, hierher zu kommen und ich werde mich nicht zum Sklaven für irgendjemanden machen lassen!" Sein Wutausbruch schüchterte mich in keiner Weise ein. Ich hatte eine Goldmedaille im Ringen und viel Erfahrung im Kämpfen. Ich hatte noch nie einen Kampf verloren.

Als er merkte, dass er mich auf diese Weise nicht beeindrucken konnte, änderte er seine Taktik. „Okay, Batchelor, wer nicht arbeitet, soll auch nicht essen!" donnerte er. Er drehte sich auf dem Absatz um und stampfte aus dem Raum. Ich überlegte, was ich jetzt tun konnte. Schließlich überredete ich meine Zimmergenossen, für mich Essen rüberzuschmuggeln und setzte trotzig meinen Streik fort.

Die Moral unter den anderen Schülern begann zu bröckeln. „Warum muss ich Wache schieben? Batchelor macht es auch nicht." „Warum soll ich das Deck schrubben? Batchelor macht es auch nicht." Der Kapitän musste Rede und Antwort stehen. Er war mit seiner Weisheit am Ende und tauchte wieder in meinem

Zimmer auf, um mit mir zu reden. „Batchelor, was muss ich tun, um dich zur Vernunft zu kriegen? Du zerstörst die Moral dieser Schule. Aufmüpfigkeit und Ungehorsam breiten sich wie eine Plage aus." Seine Augen sahen mich flehentlich an.

Ich zuckte mit den Achseln. „Ich weiß es nicht. Machen Sie mir ein Angebot."

„Ich werde dir etwas sagen. Wenn du wieder zum Unterricht gehst und dich noch zwei Wochen gut benimmst, werde ich deinem Vater sagen, dass du dich hier gut gemacht hast und dich über Weihnachten nach Hause fahren lassen."

Ich nahm einen tiefen Atemzug und dachte einen Moment nach. „Okay, abgemacht." Ich war einverstanden.

Er wusste, dass, wenn ich erst einmal von diesem Schiff runter war, ich nie mehr zurückkehren würde. Wir wussten es beide, aber wir verloren kein Wort darüber. Als ich endlich auf dem Weg in die Weihnachtsferien war und im Flugzeug saß, war meine erste Tat, mir ein Bier und eine Packung Zigaretten zu bestellen. Die anderen Schüler sahen mich voller Entsetzen an, aber ich sagte ihnen: „Ihr seht mich sowieso nie wieder." Und so war es auch.

Dad war über den falschen Bericht meines guten Benehmens so erfreut, dass ich es einfach nicht übers Herz bringen konnte, ihm die Wahrheit zu sagen und damit alles zu verderben. Stattdessen stürzte ich mich in den Weihnachtsfeiertrubel und versuchte, alle Gedanken an die Schule aus meinem Kopf zu verbannen. Aber als die Ferien sich dem Ende näherten und ich eigentlich zur Schule zurückkehren sollte, riss ich wieder aus.

KAPITEL 8

Auf der Straße

„Ich halte es nicht aus! Noch einer!" Ich seufzte und wickelte mich fester in meine dünne Jacke. Ein riesiger, rot-silberner Truck donnerte an mir vorbei. Ich zählte „eins, zwei, drei", dann wirbelte ich herum, um mich mit dem Rücken gegen den eisigen Luftzug zu stemmen. Ein kalter Windstoß pfiff mir um den Hals, und zum hundertsten Mal schüttelte sich mein Körper vor Kälte. Ich warf einen Blick auf meine Uhr und begann wieder zu laufen. Durch Bewegung machte man sich doch etwas wärmer, als wenn man nur da stand und den Daumen raushielt.

„Jetzt stehe ich hier schon fast acht Stunden an diesem jämmerlichen Ort, und es sieht ganz so aus, als wollte es wieder schneien", murmelte ich. Meine Füße waren schon ganz gefühllos, und ich schleppte mich mehr oder weniger vorwärts. Ich befand mich auf dem Seitenstreifen der Interstate 40 am Rande einer kleinen Stadt in Oklahoma. Mein Magen knurrte erbärmlich, aber ich versuchte, es zu ignorieren. Ein blauer Cadillac näherte sich, ich drehte mich herum und streckte meinen Daumen heraus. Aber der Fahrer würdigte mich keines Blickes. Ich stopfte meine Hände wieder in die Jackentaschen und stapfte weiter.

In meinem Kopf hämmerte es. Trübe Gedanken nahmen mich total gefangen und ich fühlte mich erbärmlich. War es wirklich erst gestern, dass ich in einer bullig-warmen Billardstube in Virginia gesessen hatte, mit meinen Freunden getrunken, gespielt und blödsinnige Wetten abgeschlossen hatte? Je mehr ich getrunken hatte, desto schlechter hatte ich gespielt und nach nicht allzu langer Zeit hatte ich meine komplette Barschaft verloren. Ich hätte mich ohrfeigen können. „Warum hab ich nicht wenigstens so viel Geld übrigbehalten, dass ich mir etwas zu Essen kaufen kann? Was bin ich doch für ein Schaf gewesen!" Sollte ich es wagen, mit Gott zu sprechen? Ich hatte nicht viel Übung im Beten, aber ich wusste, dass Gott unsere Gedanken lesen konnte und so betete ich im Herzen.

„Gott, ich weiß, dass ich ein schlechter Mensch gewesen bin. Vergib mir alles, was ich anderen angetan habe, wo ich sie verletzt habe, und bitte schick mir ein

Auto, das mich mitnimmt, und etwas zu Essen, und etwas Geld. Und wenn du schon dabei bist, schick mir ein Auto, das mich bis nach Kalifornien mitnimmt – mit jemandem, der normal ist."

Als ich das erste Mal getrampt war, war ich erst fünf Jahre alt gewesen. Seit der Zeit hatte ich in meinem Tramperleben schon einige echt wilde Erlebnisse gehabt. Ein Mann, der Marihuana geraucht hatte, fuhr auf der falschen Straßenseite geradewegs dem Verkehr entgegen. Ein anderes Mal war ein Pärchen betrunken gewesen und in Schlangenlinien über die volle Breite der Straße geschlingert. Schließlich platzte ich heraus: „Hier muss ich aussteigen!" obwohl das gar nicht stimmte. Ich wollte einfach keine Sekunde länger in diesem selbstmörderischen Wagen sitzen! Ein anderes Mal nahmen mich ein Mann und seine Freundin mit, die beide getrunken hatten. Er wollte ein bisschen Eindruck bei uns schinden und machte während der Fahrt die Scheinwerfer aus, um zu zeigen, wie toll er auch im Dunkeln fahren konnte. Manchmal nahmen mich Homosexuelle mit und hofften, sie hätten mit mir leichtes Spiel. Bei einer Gelegenheit saß ich mit einem Verbrecher im Auto, ohne dass ich es zuerst wusste. Aber die Polizei stoppte uns, legte dem Typen Handschellen an und transportierte ihn ab. Ich blieb zurück, irgendwo in der Landschaft, mit einem leeren Auto und ohne Autoschlüssel. Ich dachte deshalb, wenn ich schon dabei war, Gott um so viele Gefallen zu bitten, dass ich auch gleich um eine Fahrt mit einem ganz *normalen* Menschen bitten sollte. Ich hatte kaum mein kleines Gebet beendet, als sich ein weißer Kleinbus näherte und auf meiner Höhe anhielt.

„Wohin willst du?" fragte der Fahrer gutgelaunt.

„Kalifornien", sagte ich.

„Preis den Herrn! Genau da will ich auch hin. Hüpf rein", lud er mich ein.

„Oh nein! Ein Jesusfreak!" dachte ich. Aber ich kletterte dankbar auf den Sitz neben ihm und wir fuhren los. Ich war so froh, dass mich endlich jemand mitnahm, dass ich mein gerade beendetes Gebet schon völlig vergessen hatte. Erst viel später sollte es mir wieder einfallen.

Nach einigem Wortgeplänkel über das kalte Wetter schaute mich mein Wohltäter direkt an. „Ich wette, du warst wahrscheinlich über Weihnachten bei jemand zu Besuch und bist jetzt wieder auf dem Weg nach Hause", plauderte er.

„Nein, ich habe bis jetzt in Florida gewohnt. Aber ich möchte in Zukunft in Kalifornien leben", sagte ich ausweichend. „Wie ist es mit Ihnen?" Ich war nicht bereit, meine tatsächlichen Pläne vor einem Fremden auszubreiten.

„Also, ich bin auf der Suche nach einem Freund in Südkalifornien. Aber sag mir mal", – er sah von der Fahrbahn weg und mir direkt in die Augen – „bist du ein Christ?"

Seine Frage erschreckte mich. Ich bildete mir ein, ein sehr religiöser Mensch zu sein. Ich konnte über Gott sprechen, über Meditation, Reinkarnation, über die Wissenschaft der spirituellen Dinge und die New Age Bewegung. Ich wurde sehr gesprächig, wenn es um das Thema der Transmigration des Körpers ging, und wie er Wände hochgehen konnte. Ich hatte mich mit vielen östlichen Religionen befasst. Aber als er mich fragte, ob ich Christ sei, konnte ich keine Antwort geben. Meinte er, ob ich an die Bibel glaubte, oder ob ich daran glaubte, andere zu lieben? Beinahe alle Religionen lehren, dass wir andere lieben sollen.

Als er meine Verwirrung sah, präzisierte er seine Frage: „Glaubst du an Jesus Christus?"

Wieder wusste ich nicht, was ich antworten sollte. Ich wusste nicht, ob die Geschichte von Jesus eine Legende war, ein Betrug, ein Märchen, oder ob er einfach nur ein netter Mensch gewesen war. Bald waren wir mitten in einem Gespräch über Jesus, Bibel und Religion. Es schien, als ob er mir die ganze Fahrt über bis nach Kalifornien eine Predigt hielt. In Colorado verwandelten sich die Straßen in Eis. Überall sahen wir Autos, die von der Straße rutschten. Ich war ziemlich ängstlich, aber er teilte meine Furcht nicht. Er betete einfach laut vor sich hin, während er sich seinen Weg bahnte. Wir kamen auch ein paar Mal ins Rutschen, aber wir landeten niemals im Straßengraben. Ich war wirklich beeindruckt!

Er bezahlte für alle Mahlzeiten, die wir unterwegs einnahmen und übernahm auch die Kosten für die verschiedenen Motelzimmer. Später sammelte er noch einen weiteren Tramper von der Straße auf. Es stellte sich heraus, dass dieser junge Mann ebenfalls Christ war. Die beiden waren schnell in ein Gespräch verwickelt und ich fühlte mich irgendwie ein wenig ausgeschlossen. Als der junge Mann wieder ausstieg, schenkte der Fahrer ihm 300 Dollar!

Als wir uns Kalifornien näherten, fragte er: „Wo genau in Kalifornien willst du denn hin?" Obwohl mir seine Predigt nicht gerade gefallen hatte, empfand ich eine warme Sympathie für diesen Mann, der sich als ein so guter Freund erwiesen hatte. Ich glaube, ich verdutzte ihn ziemlich mit meiner Antwort: „Ich bin auf dem Weg zu ein paar Bergen in der Nähe von Palm Springs. Ich will in einer Höhle in den San Jaciento Bergen leben."

Ich spürte förmlich, wie sich seine Augenbrauen hoben, obwohl ich geradeaus auf die Straße sah. „Mit wem willst du dort leben?"

„Ich werde mit niemandem zusammen wohnen; ich will ganz allein leben", antwortete ich fast trotzig.

„Ich höre wohl nicht richtig? Du kannst doch noch nicht älter als siebzehn sein." Es klang eher neugierig als verurteilend.

„Ich bin sechzehn", sagte ich ihm. „Aber ich habe schon viele Jahre auf mich selbst gestellt gelebt. Ich komme schon zurecht."

Er brachte mich direkt bis an den Anfang des Canyons und gab mir 40 Dollar. Er hatte mich tausende Kilometer von Oklahoma bis nach Kalifornien mitgenommen. Als er wieder anfuhr, durchzuckte mich wie ein Blitz die Erkenntnis. Mann! Gott hatte mir alle vier Bitten erfüllt, die ich an jenem Tag in Oklahoma vor ihn gebracht hatte: Eine Fahrt bis nach Kalifornien, etwas zu Essen, Geld – naja, fast alle vier. Ich war mir nicht so sicher, ob der Kerl wirklich *normal* war!

KAPITEL 9

Die Araber kommen!

Bevor ich den Aufstieg zur Höhle begann, deckte ich mich erst in einem Laden mit allerlei Notwendigem ein. Ich bezahlte mit einem Teil der 40 Dollar, die mir dieser freundliche Mensch geschenkt hatte. Aber ich hatte natürlich keine Ahnung, wie man seine Mahlzeiten für ein Höhlenleben plant. Ich kaufte einige Konservendosen und Fleisch – alles ziemlich schwere Dinge, um auf dem Rücken nach oben geschleppt zu werden. Nachdem ich meinen Einkauf sorgfältig im Rucksack verstaut hatte, hievte ich ihn hoch und hangelte meine Arme durch die Tragegurte. Schnell fand ich den Pfad und ließ die Stadt hinter mir.

Ich konnte mich vom letzten Jahr noch gut erinnern, wie steil und weit der Pfad gewesen war und verlangsamte dieses Mal meinen Schritt. Obwohl es Anfang Januar war, knallte die Wüstensonne mir auf den Kopf und es dauerte nicht lange, bis ich anhielt. Ich setzte meinen Rucksack auf die Erde, zog meine Jacke aus und stopfte sie in die Tasche. Nach einer kurzen Pause schulterte ich meine Last und nahm meine Wanderung wieder auf. Ich hatte mich entschlossen, einen möglichst großen Abstand zwischen mich und den Rest der Menschheit zu bringen, also wollte ich bis in das dritte Tal wandern.

Ich erinnerte mich an die Mühe, die ich gehabt hatte, mit Jim und Sunny Schritt zu halten. Aber das war ein Kinderspiel gewesen gegen das, was ich jetzt hier vor mir hatte. Auch ohne meine Jacke schwitzte ich, als wäre ich in einer Sauna. Mein ganzer Körper schmerzte und mein Atem ging keuchend. Das Gewicht der Rückenladung zog an den Gurten und schnürte die Blutzirkulation ab, so dass ich Kopfschmerzen bekam. Ich fühlte mich wie eine winzige Ameise, die sich einen blanken Felsen emporquält. Manchmal bog ich an einer Weggabelung falsch ab und legte eine lange Wegstrecke zurück, bis ich meinen Fehler bemerkte. Ich war diese Strecke ja erst einmal gegangen, und das war fast ein Jahr her.

Eine Stunde schlich vorbei, dann eine zweite. Ich fragte mich allmählich, ob wohl schon einmal ein Mensch an Erschöpfung gestorben war. Schließlich stand ich auf der Spitze des großen Höhenzugs. Ich sah hinunter und konnte auf der einen Seite Palm Springs 1.400 Meter unter mir erkennen, auf der anderen Seite lag das dritte Tal, 500 Meter unter mir. Als ich in das Tal hinunterspähte, nahm ein riesiger, grauer Felsbrocken meine Aufmerksamkeit gefangen. Er war – abgesehen von einem kleineren Felsen direkt hinter ihm – ein einzeln stehender, wuchtiger Stein, an den sich einige Bäume schmiegten. Hinter dem kleineren Felsbrocken erhoben sich die Berge wie eine hohe Wand. Von dem Punkt aus, auf dem ich gerade stand, sah es so aus, als ob direkt neben dem massiven Felsen ein Wasserlauf entlang lief, und ich beschloss, mir diese Stelle näher anzusehen. Mit frischem Elan sprang ich – lange Sätze machend – auf meinem Pfad in Richtung Tal und mein Rucksack wurde ordentlich durchgeschüttelt.

Als ich den Talboden erreichte, konnte ich die Spitze des großen Felsbrockens zu meiner Linken sehen, und ich wanderte ca. 10 Minuten lang in diese Richtung. Ich kraxelte über einen großen Baumstamm, der zwischen einigen Felsen lag und plötzlich stand ich direkt vor dem Felsblock, der nur wenige Meter vor mir in die Höhe ragte. Sein Anblick nahm mir regelrecht den Atem! Am Fuße des Felsbrockens öffnete sich wie eine umgedrehte Schüssel eine kleine Höhle. Der Eingang bildete einen flachen Bogen von ca. 10 Metern Breite und Sonnenlicht durchflutete das Innere der Höhle. Auf der rechten Seite des Eingangs sprudelte ein Bach aus dem Canyon herunter, plätscherte über einen großen, glatten Felsen und stürzte sich in einen smaragdgrünen Pool von ca. 10 Metern Durchmesser und 3 Metern Tiefe. In der Nähe standen dichtgedrängt Platanen und Lorbeerbäume. Auf der linken Seite erstreckte sich eine ebene, grasbewachsene Stelle, die in ein grünes Dickicht überging. Langsam schritt ich auf die Höhle zu, meine Augen tranken förmlich die Schönheit dieses Fleckchens Erde in mich hinein.

Ich setzte meinen Rucksack auf die Erde und betrat vorsichtig die Höhle. Ich konnte keine Anzeichen sehen, dass sie in letzter Zeit bewohnt gewesen wäre, aber an der rauchgeschwärzten Decke konnte ich erkennen, dass schon andere vor mir da gewesen waren. Der Felsen ragte an einer Seite etwas vor und bildete einen niedrigen Absatz wie eine Ablage. Darauf lag ein schwarzes Buch, das mit einer dicken Staubschicht bedeckt war. Ich nahm es hoch und blies den Staub von dem Deckel. *Die Heilige Schrift* stand dort. Ich legte das Buch wieder hin, ohne es zu öffnen. „Hier war noch jemand auf der Suche nach Gott", sagte ich mir selbst. „Wahrscheinlich hat er ihn in der Bibel nicht gefunden, sonst hätte er das Buch nicht hier liegengelassen", schlussfolgerte ich.

Auf der Rückseite der Höhlenwand, zur linken Seite hin, fand ich eine zweite Öffnung – ziemlich niedrig. Ich ließ mich auf die Knie fallen und krabbelte hinein. Ich fand mich in einem niedrigen Raum wieder, in dem ich aber noch stehen konnte. Vom Eingang her wurde der Innenraum nur spärlich beleuchtet, aber das Ganze wirkte gemütlich und kuschelig, wie das Innere einer Bärenhöhle. „Was für ein wundervoller Platz zum Schlafen!" dachte ich.

Ich konnte es kaum erwarten, mich häuslich einzurichten. Ich wollte dieses kleine Paradies auf der Stelle zu meinem Eigentum erklären. Ich krabbelte wieder nach draußen, nahm meinen Rucksack und brachte ihn in die erste Höhle. Ich packte die Dosen mit Essen aus und stapelte sie auf einen Felsvorsprung. Am Ende des Vorsprungs deponierte ich ein sauber zusammengefaltetes Handtuch und ein Stückchen Seife. Dann nahm ich meinen Schlafsack und meine Kleider und kroch in mein „Schlafzimmer". Ich legte meine Kleider ordentlich zusammen, stapelte sie an der Wand auf und entrollte meinen Schlafsack. Nachdem Küche und Schlafzimmer eingerichtet waren, zog ich meine Hängematte aus dem Rucksack und befestigte sie zwischen zwei Platanen hinter dem Pool.

Zwischen den hochaufragenden Wänden des Canyons begannen bereits die Schatten über den Talboden zu kriechen. Der Gedanke, an diesem einsamen Ort in der Nacht mutterseelenallein zu sein, machte mich etwas unruhig. Wenn nun Pumas oder Kojoten nachts zu der Wasserstelle kamen, um zu trinken! Vielleicht sollte ich lieber ein Feuer machen! Wilde Tiere fürchteten sich vor Feuer – das dachte ich jedenfalls. Ich suchte einige glatte Steine und legte sie kreisförmig in die Mitte der Höhle, dann ging ich los, um etwas Holz zu suchen. Ich trug mehrere Arme voll Holz in die Höhle und stapelte es neben meiner Feuerstelle auf. Dann trat ich einen Schritt zurück und nahm mein neues Heim in Augenschein. „Jetzt bin ich fertig!" sagte ich. Alles sah so sauber und ordentlich aus wie mein Zimmer an der Militärakademie, wenn Inspektion anstand!

In den folgenden Wochen hatte ich mehr zu tun, als ich es je für möglich gehalten hätte. Kochen und Saubermachen beanspruchten einen großen Teil meines Vormittags. Ein alter Hase aus Palm Springs zeigte mir, wie ich aus einem großen Topf und einem Deckel einen Backofen bauen konnte. Jeden Morgen backte ich mir als erstes Bananenbrot zum Frühstück. Es gab Geschirr zu waschen, und Nahrungsmittel vor kleinen, ungebetenen Mitessern zu verstecken. Aus einem Grasbüschel, das in der Nähe des Flüsschens wuchs, machte ich mir einen Topfkratzer. Er funktionierte genauso gut wie einer aus dem Laden. Ich machte meinen Pool außerdem 70 cm tiefer, indem ich bei seinem Auslauf einen Damm baute. Jeden Tag gab es etwas, an dem ich arbeiten musste.

Ich baute mir aus Steinen und Baumstämmen einen Sessel, komplett mit Armlehnen und einer Rückenlehne. Hier konnte ich stundenlang sehr bequem sitzen.

Im Sommer entledigte ich mich aller meiner Kleider und lief nackt herum. Zuerst waren meine nackten Füße empfindlich und ich verletzte mich an den scharfen Steinen auf dem Höhlenboden, so dass ich sie ausgrub. Dann trug ich eimerweise Sand von dem Ufer des Teichs herbei und schüttete mir einen angenehmen, weichen Boden auf, der meinen Füßen wohltat.

Eine andere Sache, die ich mir baute, war eine Tierfalle. Ich fing ein Eichhörnchen, kochte und verspeiste es und machte mir aus dem Fell eine Tasche. Ich tötete auch eine große Klapperschlange und versuchte, sie zu verspeisen. Sie bestand hauptsächlich aus Knochen, so dass ich nur sehr wenig abbekam, aber ich machte aus ihrer Haut eine Scheide für mein Messer.

Ich hatte einige wenige Möglichkeiten, Geld für meinen täglichen Lebensbedarf zu verdienen. Ich konnte zum Beispiel Pfeifen herstellen und an einen Laden in Palm Springs verkaufen, wodurch ich etwas Bargeld hereinbekam. Dieser Laden verkaufte Marihuanapfeifen und andere Rauchutensilien, die in der Drogenszene benutzt wurden.

Am Anfang musste ich zweimal in der Woche in die Stadt wandern, um notwendige Dinge einzukaufen. Aber mit den zunehmenden Erfahrungen, die ich mit meinem neuen Lebensstil machte, änderten sich auch meine Einkaufsgewohnheiten. Schließlich reichte es mir, wenn ich einmal die Woche herunterkam. Ich lernte es, mich auf getrocknete Lebensmittel wie Reis, Spaghetti, Bohnen und Mehl zu spezialisieren.

Reis oder Spaghetti zu kochen stellte kein Problem dar. Nach 15-20 Minuten Kochen war das Essen immer gar. Aber getrocknete Bohnen waren für mich eine harte Nuss im wahrsten Sinne des Wortes. Beim allerersten Mal kochte ich sie 15 Minuten lang, aber sie waren immer noch hart wie Steine. Ich aß sie trotzdem, aber mein Magen revoltierte hinterher. Beim nächsten Mal kochte ich sie doppelt so lange, 30 Minuten, aber das Ergebnis war nicht viel besser. Nachdem sie bei einer Stunde Kochzeit immer noch hart waren, fragte ich mich, ob vielleicht mit diesen Bohnen irgendetwas nicht stimmte. Als ich einem Freund von meinem Problem erzählte, lachte er und sagte: „Auf dieser Höhe musst du Bohnen einen ganzen Tag lang kochen!"

Auf einem Trip zu sein und neue Wege des High-Seins zu finden, war bis jetzt fast der einzige Sinn und Inhalt meines Lebens gewesen. Aber jetzt begann ich, nach Gott zu suchen. Eines Tages las ich ein Buch über Indianer und wie sie versucht hatten, Gott durch halluzinatorische Drogenpflanzen zu finden. Ich konnte es kaum erwarten, das auch einmal auszuprobieren. Eine Pflanze, die in dem Buch erwähnt worden war, nannte sich Jimsongras und wuchs nur einige Meter von meiner Höhle entfernt. Ich pflückte einige Blätter, trocknete sie und rollte mir daraus eine Zigarette. Aber ich konnte keinen Gott entdecken. Nachdem ich die Zigarette zuende geraucht hatte, war das einzige Endresultat meiner Bemühungen ein trockenes Gefühl im Mund. Dann machte ich als nächstes einen Tee aus den Blättern, aber wieder wurde mein Körper nur ein wenig dehydriert und das war alles.

Als ich eines Tages in der Stadt war, um meine üblichen Einkäufe zu erledigen, lief mir ein Hippie namens Brad über den Weg. Nachdem wir ein bisschen rumgeflachst hatten, zog ich eines der Blätter aus meiner Tasche und zeigte es ihm. „Weißt du, was das hier ist?" fragte ich ihn.

Er nahm es, rieb es zwischen seinen Fingern und roch daran. „Klar!" sagte er. „Das ist Jimsongras. Die Indianer benutzen es als Droge – es ist Teil ihrer Religion oder sowas. Das ist hochpotentes Zeug."

„Ist es nicht", widersprach ich. „Ich habe es ausprobiert. Ich habe die Blätter geraucht und einen Tee davon gemacht, aber nichts ist passiert. Es funktioniert nicht."

Brad lachte. „Du weißt bloß nicht, wie man es macht, Mann. Ich komm mal einen Tag hoch und werd's dir zeigen." Er war ein paar Mal übers Wochenende in der Höhle gewesen und wusste, wo ich lebte.

Ein paar Tage später tauchten Brad, sein Bruder Steve und noch ein junger Ausreißer namens Mark bei der Höhle auf. „Bist du bereit für einen Trip?" fragte er, nachdem er seine Begleiter vorgestellt hatte.

„Jederzeit", sagte ich. Er hatte eine Handvoll von der Pflanze mitgebracht und zeigte mir, wie man aus den Wurzeln einen starken Tee kochen konnte. Er goss jedem von uns eine Tasse ein, aber Steve lehnte ab.

„Ich guck lieber nur zu", sagte er.

Wir setzten uns alle auf den Boden der Höhle und begannen, das Zeug zu trinken.

„Brrrrrr! Ich hab noch nie in meinem Leben so eine bittere Brühe getrunken!" Ich schüttelte mich.

„Gut!" lachte Brad. „Das wird dir einen Supertrip bescheren."

Wir warteten eine ganze Zeit, aber es passierte nichts. „Siehst du wohl! Ich habe dir doch gesagt, dass es nicht funktioniert."

„Es wird schon wirken. Wart nur ab", versicherte mir Brad.

„Kommt, wir legen uns ein bisschen neben den Pool in die Sonne", schlug ich vor. Die Idee gefiel den andern und bald hatten wir uns alle in der Sonne ausgestreckt. Aber nach einigen Minuten überkam mich ein komisches Gefühl. „Ich gehe schlafen", sagte ich. Ich bemerkte, dass meine Schuhbänder offen waren und wollte sie zubinden, aber meine Finger gehorchten mir nicht. Ich gab auf und stolperte in die Höhle, wo ich mich übergeben musste und ohnmächtig auf dem Boden zusammenbrach.

Als ich erwachte, war es draußen dunkel. Ich zündete eine Kerze an und entdeckte, dass in meiner Höhle ein Coca-Cola-Automat stand. „Klasse!" dachte ich. „Mein Mund fühlt sich so trocken an und ich brauche dringend einen Drink." Allerdings wurde ich von einer Stimme unterbrochen.

„Wohin gehst du, Doug? Komm hierher, komm hierher!" Ich drehte mich um und sah meine Großmutter neben einem grauen Kleinbus stehen. „Steig in den Bus, steig in den Bus!" kommandierte sie mit schriller Stimme. Ich versuchte, den Bus zu öffnen, aber er verwandelte sich in einen Felsen. Kurze Zeit danach fand ich mich plötzlich etwas weiter draußen neben dem Hügel wieder, wo ich von einer Schar Pygmäen umringt war, die es mit Pfeil und Bogen auf mich abgesehen hatten. Ich kletterte so schnell wie möglich den Hügel hinauf. „Hilfe! Hilfe!" schrie ich und kämpfte mich verzweifelt zu meinen Freunden bei der Höhle durch. „Helft mir! Sie wollen mich umbringen!" Als ich es schließlich bis zur Höhle geschafft hatte, fand ich zwei meiner Freunde tot vor, ihre Leichen schwammen in dem Pool. (Tatsächlich waren diese beiden Meilen entfernt von mir in Palm Springs in Sicherheit.)

Die Sonne war untergegangen, aber der Mond schien hell, und ich konnte geduckte Gestalten sehen, die zum Sprung auf mich angesetzt hatten. Ich kreischte und trat nach ihnen und fing an, den Berg hinunterzulaufen. (Die geduckten Gestalten waren in Wirklichkeit Kakteen. Raten Sie mal, wie ich das herausfand!) Aber ich blieb nicht auf dem Pfad, sondern begann, querfeldein zu stolpern. Ich nahm den kürzesten, direktesten Weg nach Palm Springs. Warum ich mich nicht zu Tode stürzte, ist ein Wunder, ich kann es nicht erklären, außer, dass Gott seine Hand über mich gehalten hat, selbst damals. Mein Abstieg war so steil und durch meine Adern pulsierte so viel Adrenalin, dass jeder Schritt ein Riesensprung war. Es kam mir vor, als wenn jeder Schritt ca. 10 Meter lang war, obwohl ich bis zum heutigen Tage nicht weiß, ob das real oder nur in meinem Kopf war.

Ich warf einen Blick über meine Schulter und sah Panzer, die von den Bergen herab auf mich zurumpelten. Hinter ihnen schwärmten Araber mit Gewehren aus. Es schien alles total real zu sein. Ich habe nie in meinem Leben so viel Angst gehabt.

Es war schon nach 2.00 Uhr morgens, als ich endlich in der Nähe von Palm Springs wieder flachen Boden unter meinen Füßen hatte. In der Entfernung sah ich Licht aus einer Bar scheinen und rannte darauf zu. Das Lokal war geschlossen, aber ich konnte drinnen Stimmen hören. „Lasst mich rein, lasst mich rein!" schrie ich und hämmerte mit meinen Fäusten gegen die Tür. „Sie sind hinter mir her! Sie wollen mich umbringen!"

Die Tür öffnete sich und zwei schwarzhäutige Männer mit aufgerissenen Augen zogen mich nach drinnen und verschlossen die Tür hinter mir. „Ich kann niemanden sehen", sagte einer von ihnen. „Wer will dich umbringen?"

„Wo ist das Telefon? Ich muss die Polizei anrufen!" keuchte ich, ohne auf die Frage des Mannes einzugehen. Sie zeigten beide auf ein Münztelefon am andern Ende der Bar. Ich wählte die Notrufnummer und augenblicklich meldete sich eine Stimme.

„Mein Name ist Doug Batchelor!" brüllte ich ins Telefon. „Ich komme aus einer Höhle oben in den Bergen, und die Araber sind hinter mir her. Meine Freunde haben sie schon umgebracht!"

Für eine Sekunde war es still am andern Ende der Leitung. „Wo bist du?" fragte die Stimme dann.

„Ich bin in einer Bar. Warten Sie, ich sage es Ihnen gleich!" sagte ich. Ich wandte mich zu den beiden Männern, die direkt neben mir standen und ziemlich entsetzt zuhörten. „Wo sind wir?" fragte ich. Sie nannten die Adresse wie aus einem Mund und ich gab sie an den Mann am andern Ende der Leitung weiter.

„Wir sind sofort da", sagte er.

Ungefähr zwei Minuten später hielt quietschend ein Auto vor dem Haus, zwei Polizisten sprangen heraus und rannten in die Bar. Ich ging ihnen entgegen, einen wilden Ausdruck im Gesicht. Einer trat an mich heran, roch meinen Atem und leuchtete mit einer Lampe in meine Augen. „Kein Marihuana, kein Alkohol", machte er dem anderen Polizisten Meldung. „Du kommst mit rüber auf die Polizeistation", sagte er und öffnete mir die Autotür. Er kletterte auf den Rücksitz und der andere Beamte setzte sich hinter das Lenkrad.

Bei der Polizeistation gingen sie mit mir durch eine Seitentür. Noch einmal untersuchten sie mich auf irgendwelche Anzeichen von Drogeneinnahme und filzten mich, aber sie fanden keinerlei Hinweise. Außer dass ich vor panischer Angst schlotterte, schien ich völlig normal zu sein. Sie sprachen leise miteinander, aber mit meinen Ohren, die durch das Leben in den Bergen ungeheuer scharf geworden waren, konnte ich jedes Wort verstehen.

„Was meinen Sie?" sagte der eine mit besorgtem Unterton. „Glauben Sie, dass das irgendwie mit dem Ölembargo zusammenhängen könnte?"

„Könnte sein", antwortete der andere. Er öffnete eine Tür und ließ einen dritten Beamten herbeiholen. „Diese ganze Sache ist Top Secret", sagte er mit leiser Stimme. „Sie kommen besser dazu und nehmen alles auf." Der Beamte kam herein und zog ein Blatt Papier in die Schreibmaschine. Während wir sprachen, hämmerte er die ganze Zeit auf der Maschine herum. Er konnte schneller tippen als irgendjemand, den ich jemals gesehen hatte. Er hatte keine Mühe, mit unserem Gespräch Schritt zu halten. Der Beamte wandte sich an mich. „Jetzt erzähl uns mal genau, was passiert ist."

Ich beschloss, den Teil mit den Pygmäen, die mit Pfeil und Bogen hinter mir her gewesen waren, auszulassen. Irgendwie passte das nicht mehr ins Bild. „Also, ich war in meiner Höhle", begann ich. „Ich hörte Schüsse. Ich ging nach draußen und sah eine Gruppe Leute, die hinter mir her waren."

„Konntest du sehen, wie sie aussahen?" fragte der Beamte.

„Nicht sehr gut."

„Sagtest du nicht, es waren Araber? Wie sahen sie aus? Woher wusstest du, dass es Araber waren?" fragte er.

„Der Mond schien und ich konnte ihre Kopftücher und ihre Gewänder sehen. Es waren eindeutig Araber, wirklich."

Der andere Beamte schaltete sich ein und sprach schnell und flüsternd, aber wieder konnte ich deutlich hören, was er sagte. „Die Araber sind wütend wegen des Ölembargos. Wahrscheinlich planen sie, Palm Springs anzugreifen!" Alle drei Beamte machten wirklich besorgte Gesichter. Der Präsident hatte hier ein Haus und viele berühmte und reiche Leute lebten in Palm Springs, also nahmen sie jede Nachricht dieser Art sehr ernst.

„Du hast gesagt, dass sie deine Freunde getötet haben. Haben sie auf euch geschossen?" fragte er.

„Oh ja! Die ganze Gegend war voll von Menschen. Sie haben auf mich geschossen und ich bin gerannt, was ich konnte, den steilen Berghang runter bis hierher." Ich zeigte ihnen meine zerrissenen Stiefel, die von den Kakteen ganz durchlöchert waren. „Dann verwandelten sich die großen Felsen in Panzer und kamen den Berghang heruntergedröhnt in Richtung Palm Springs."

Das Klappern der Schreibmaschine wurde langsamer und erstarb, und die Männer tauschten verlegene Blicke. Schließlich ergriff einer von ihnen das Wort. „Du musst irgendwas genommen haben. Wir wissen nicht genau, was es ist, aber du bist noch minderjährig und wir werden dich für ein paar Tage hinter Gitter sperren." Mit diesen Worten schritt er zum Telefon und rief jemanden von der Justizanstalt an, der mich abholen sollte.

KAPITEL 10

Nach New Mexico und zurück

Ich verbrachte zwei Tage im Gefängnis von Palm Springs, wo ich außer Kaffee und Doughnuts nichts Vernünftiges zu essen bekam. Schließlich kam jemand und transportierte mich zum *Jugendzentrum des Riverside County* (ein hübscher Name für eine Jugendstrafanstalt). Es dauerte zwei Tage, bis ich aufhörte, „Dinge zu sehen" und mir klar wurde, dass ich bloß auf einem schlechten „Trip" gewesen war.

Natürlich machte ich mir Gedanken darüber, was jetzt hier in dieser Strafanstalt auf mich zukam. Ich dachte daran, wie viel Blödsinn ich in Florida bei meinem Vater gemacht hatte und wie alles, was ich anfasste, so eine chaotische Wendung zu nehmen schien. Ich konnte es meinem Vater nicht verübeln, wenn er mich niemals wiedersehen wollte. Wie wenig wusste ich davon, dass er selbst jetzt, wo ich hier im Gefängnis vor mich hinbrütete, für mich alle Hebel in Bewegung setzte, um eine Lösung für mein Problem zu finden.

Zu Mom zurückzukehren stand nicht zur Diskussion. Nach vielem Nachdenken kristallisierte sich für mich nur eine Lösung heraus – auszubrechen und wieder zu meiner Höhle zurückzukehren.

In Riverside begannen mein Zellengenosse (er hieß ebenfalls Doug) und ich, Pläne zu schmieden. Wir schmuggelten einige Streichhölzer in die Zelle. Die Plexiglas-Fensterscheiben wurden von Bolzen gehalten, die in Plastik eingefasst waren. Einer von uns brachte dieses Plastik zum Schmelzen, während der andere aufpasste, dass kein Aufseher uns erwischte. Wir sahen einander in stummem Jubel an, als nach sechs Streichholzpackungen endlich der letzte Bolzen geschafft war. Ich nahm vorsichtig die Scheibe heraus und schaute nach draußen. Niemand war zu sehen. Aber auf dem Gang konnte ich Stimmen hören, die sich näherten, also steckte ich das Glas schleunigst wieder an seinen Platz. Wir musterten unser Werk mit Befriedigung. Die kleinen Abdrücke und Brandstellen waren kaum zu sehen und niemand würde Verdacht schöpfen, dass irgendetwas mit diesem Fenster nicht stimmte. Wir beschlossen, den besten Zeitpunkt für unsere Flucht abzuwarten.

Bevor wir jedoch eine Gelegenheit bekamen, unsere Pläne in die Tat umzusetzen, kam ein Beamter und schloss die Zellentür auf. „Doug Batchelor!"

„Hier", erwiderte ich.

„Komm mit mir", ordnete er an. „Du wirst entlassen und kommst unter die Obhut deines Onkels Harry Batchelor in New Mexico."

Ich traute meinen Ohren nicht. Onkel Harry leitete einen indianischen Handelsposten in einem Reservat mit Navajo-Indianern. Er und Tante Nita waren mit die nettesten Menschen, die ich kannte. Er liebte die Navajo-Indianer und beutete sie nicht aus, wie manche anderen Händler es taten. Seine Ehrlichkeit und Gerechtigkeit waren sprichwörtlich unter den Indianern und er half ihnen, wo er nur konnte. Er sagte von sich nicht, dass er Christ wäre, aber er lebte in vieler Hinsicht genauso, wie ein Christ leben sollte.

„Dein Onkel wird dich am Flughafen abholen", sagte der Beamte.

Ich fühlte mich erleichtert. „Onkel Harry soll es nicht bereuen," fasste ich den Entschluss. „Ich werde ihm die beste Hilfe sein, die er je gehabt hat."

Und in der Tat half ich ihnen am Anfang. Onkel Harry und Tante Nita behandelten mich wie ihren eigenen Sohn. Mein Cousin Donnie war ungefähr in meinem Alter und wir passten gut zusammen. Ich konnte spüren, wie die ganze Familie mich liebte und ernsthaft um mein Wohlergehen bemüht war. Seit der Militärschule war es das erste Mal, dass ich mich selbst wieder leiden konnte und mich richtig gut fühlte.

Mein Onkel hatte zwei Läden, von denen einer in Kimbito, New Mexico, lag und in diesem arbeitete ich. Ich füllte die Regale nach, fegte den Boden und sorgte im Laden für Ordnung. „Nimm dir alles, was du für dich brauchst, Doug," sagte mein Onkel gewöhnlich. Er hatte auch nichts dagegen, dass ich Zigaretten nahm. Er war selbst Raucher und hatte keine Einwände dagegen, dass ich rauchte. Ich nahm mir ein Sandwich, wenn ich hungrig war, oder nahm Munition aus dem Laden mit, wenn Donnie und ich ins freie Feld hinausgingen, um ein paar Schießübungen zu machen.

Ich mochte die Navajo-Indianer, besonders die Mädchen. Nur wenige der jungen Leute unter ihnen zeigten irgendwelches Interesse, zur Schule zu gehen oder das Reservat zu verlassen, aber es gab Ausnahmen. Eines Tages kam ein gutaussehender junger Mann von 18 Jahren in den Laden. An seinen blitzenden Augen und seiner intelligenten Unterhaltung konnte man sofort erkennen, dass er kein gewöhnlicher junger Mann war. „Ich hab dich noch nie hier gesehen", sagte ich, während ich ihn bediente. „Woher kommst du? Wie heißt du?"

„Ich heiße Ken Platero. Ich gehöre hier in dieses Reservat, aber ich gehe in Washington auf ein College." Er lächelte ziemlich schüchtern. „Ich bin nur für die Frühlingsferien hier", erklärte er.

Ich war beeindruckt. „Junge, musst du schlau sein!" sagte ich. „Ist dein alter Herr reich?"

„Ne. Ich habe ein Stipendium bekommen", sagte er, während er seine Tasche hochhob.

„Wie wäre es, wenn du irgendwann einmal nach Ladenschluss vorbeikommst, und wir könnten zusammen Motorrad fahren", lud ich ihn ein. Er mochte meine extravertierte Art und ich bewunderte ihn für seine Intelligenz und sein gutes Aussehen.

Mir war damals nicht klar, was für ein furchtbares Problem Alkoholismus unter den Indianern ist. Aufgrund ihrer körperlichen Anlagen werden Indianer sehr viel leichter zu Alkoholikern als die meisten anderen Rassen. Mein Onkel hatte mir erzählt, dass in all den Jahren, in denen er in dem Reservat gearbeitet hatte, er es noch nie erlebt hatte, dass ein Indianer sich einen Drink nehmen konnte, den Deckel auf die halbvolle Flasche tun und sie wegstellen konnte. „Sie trinken, bis sie kein Geld mehr haben, keinen Alkohol mehr oder bewusstlos und sinnlos betrunken unter dem Tisch liegen", sagte er.

Einige Tage später traf ich mich mit Ken und wir gingen Motorradfahren. Ich ignorierte die weise Erkenntnis meines Onkels und machte einen blödsinnigen Vorschlag, den ich seitdem millionenmal zutiefst bereut habe. „Komm, wir fahren runter in die Bar und holen uns einen Sechserpack Bier", sagte ich. Ich selbst wollte gern etwas Alkoholisches trinken und dachte keinen Augenblick an die Folgen, die das haben könnte.

Kens Ausdruck veränderte sich schlagartig. Er schlug seine Augen nieder, als ob er sich genierte. Aber dann sagte er: „Ne, Doug. Trinken ist das Letzte. Damit will ich nichts zu tun haben."

Unglücklicherweise gab ich nicht so schnell auf und bohrte weiter. „Ach, komm her, Ken. Ein Drink wird dir nicht schaden. Und überhaupt, ich brauche dich. Du musst das Zeug kaufen, ich bin noch nicht alt genug." Ich war noch nicht einmal siebzehn.

„Ne, Doug. Ich will damit gar nicht erst anfangen. Trinken bringt nichts als Schwierigkeiten und Probleme. Jeder, der trinkt, hat Probleme."

Ich konnte sehen, wie er innerlich mit sich kämpfte. Sein gesunder Menschenverstand sagte NEIN, aber seine angeborene Höflichkeit und sein Bedürfnis, mir einen Gefallen zu tun, sagten JA. Schließlich gab er nach. Ich gab ihm etwas Geld. Wir kletterten auf unsere Motorräder und dröhnten die Straße herunter bis vor die Bar. Er ging hinein und kam Minuten später mit einem Sechserpack zurück. Ich steckte die Packung unter meine Jacke, zog den Reißverschluss zu und wir sausten los. Wir fuhren ins offene Land raus und leerten zusammen alle Flaschen.

Ein oder zwei Tage später wiederholten wir das Ganze, nur dass ich diesmal nicht so drängeln musste wie beim ersten Mal. Bevor die Woche zuende war, hatten wir nicht nur der Bar etliche Besuche abgestattet, sondern ich hatte ihm auch beigebracht, wie er in einer 20-Liter-Wasserflasche mit Hefe und Malzsirup selbst Bier herstellen konnte. Bedauernswerter Ken! Er ist nie wieder zu seinem College zurückgekehrt.

Die Zeit, die ich mit Arbeiten im Laden verbrachte, wurde immer kürzer. Dafür wurde die Zeit, wo ich einfach tat, was mir gefiel, immer länger. Ich fuhr Motorrad, trank, bändelte mit Mädchen an und rutschte von einer Schwierigkeit in die nächste. Je mehr ich außer Rand und Band geriet, desto unglücklicher wurde ich.

Schließlich rief mich Onkel Harry zu sich herein und redete mit mir. „Doug", sagte er in ernstem Ton, „wenn du zu unserer Familie gehören willst, wirst du dich in Zukunft besser benehmen müssen. Sonst musst du wieder gehen." Ich habe meinen Onkel niemals so traurig gesehen und ich fühlte mich schrecklich. Einige Tage später verhökerte ich meine Uhr für zwanzig Dollar, kaufte mir einen neuen Rucksack und trampte zurück zu meiner Höhle in Kalifornien. Schon wieder hatte ich alles verpatzt, schon wieder versagt!

Ich hielt in Palm Springs, um mir Vorräte zu kaufen, bevor ich zur Höhle aufstieg. Ich kam gerade wieder aus dem Laden, als ich jemanden meinen Namen rufen hörte.

„Hey, Doug!"

Ich drehte mich um, und da stand Jim vor mir und musterte mich von oben bis unten. Das war der Jim, der mir damals seine Höhle im Tahquitz Canyon gezeigt hatte, als ich mit fünfzehn das erste Mal hier gewesen war.

„Bist du's wirklich, Batchelor?" Er schüttelte ungläubig den Kopf.

„Na klar, ich bin's, wer denn sonst," versicherte ich. „Ich komme gerade aus einem Indianer-Reservat in New Mexico zurück."

Offensichtlich hatte Jim durch diese Freunde von mir gehört, die mich mit dem Jimsongras bekannt gemacht hatten. „Wir dachten alle, du bist tot", sagte er grinsend. „Nach dieser Jimsongras-Party warst du aus deiner Höhle verschwunden. Wir haben tagelang nach deiner Leiche gesucht und schließlich aufgegeben. Mensch, bin ich froh, dass es dich noch gibt."

„Danke", murmelte ich. Die ganze Begebenheit stand mir plötzlich wieder vor Augen und ich schämte mich, wenn ich daran dachte, wie ich mich vor anderen zum Idioten gemacht hatte. „Wie ist es den anderen ergangen?" fragte ich besorgt.

„Nicht allzu gut", sagte Jim. „Mark ist über einige heiße Kohlen gelaufen und verbrannte sich die Füße so schlimm, dass er längere Zeit ins Krankenhaus musste, aber jetzt ist er wieder draußen." Es schien, als ob er zögerte fortzufahren.

„Was ist mit Brad? Wie ist es ihm ergangen?" bohrte ich.

Jim schüttelte wortlos den Kopf. Nach einer langen Pause sagte er: „Keiner weiß etwas Genaues. Steve erzählte mir, dass er sich in der Höhle ausgestreckt hatte und eingeschlafen war, nachdem ihr anderen alle das Bewusstsein verloren habt. Als er am nächsten Morgen aufwachte, war keiner mehr da. Es ist sehr gut möglich, dass Brad dort irgendwo am Fuß der Schlucht liegt."

Kein Wunder, dass sie auch mich für tot gehalten hatten! Traurig dachte ich an meine wilde Flucht in jener Nacht, den steilen Berg hinunter, und ich fragte mich wieder, wie ich es jemals geschafft hatte, das lebend zu überstehen.

Als ich an diesem Tag zu meiner Höhle hinaufkletterte, gingen viele ernste Gedanken durch meinen Kopf. Egal wie sehr ich versuchte, mein Verhalten zu entschuldigen, ich kam immer wieder zu der Überzeugung, dass ich nicht nur mir selbst schadete, wenn ich Unrechtes tat, sondern dass ich auch allen anderen, die um mich herum waren, Schaden zufügte. Hatten mein Übermut und meine Dummheit Brad das Leben gekostet? Während dieses ganzen langen Aufstiegs zur Höhle drückte mich die Last meiner Schuld wie ein Riesenmühlstein, stärker als der Rucksack auf meinem Rücken.

Schließlich erreichte ich das dritte Tal. Ich verließ den Pfad und wanderte in Richtung Höhle. Plötzlich blieb ich wie angewurzelt stehen. Direkt vor mir kam ein junger Mann hinter einem großen Felsen hervor und wir wären beinahe ineinander gerannt. Einen Moment lang waren wir beide verdutzt, standen da und sahen uns an. „Hallihallo", sagte ich schließlich. „Ich heiße Doug."

„Ich bin Glen", antwortete er. Wir nickten uns zu.

„Was machst du denn hier oben?" fragte ich.

„Ich lebe hier."

„Wo denn?"

„… meiner Höhle," sagte er zögernd. Er deutete mit dem Daumen über seine Schulter, und zeigte undefinierbar in eine Richtung hinter ihm.

„Kennst du Jim und Sunny?" fragte ich.

„Mmh."

Im Stillen dachte ich: „Was ist los mit diesem Typen? Kann er nicht vernünftig reden?"

Dann merkte ich allerdings, dass er dieses Spielchen von Frage und Antwort irgendwie genoss, also grinste ich und spielte mit.

„Also, ich bin zurückgekehrt, um hier oben zu leben. Meine Wohnung ist diese große Höhle unter dem Felsblock." Ich zeigte in Richtung des alles überragenden Felsens vor mir.

Ich beobachtete ihn aufmerksam, während wir redeten. Er war recht klein, ca. 1,70 m groß, hatte einen ungepflegten Bart und durchdringende braune Augen. Obwohl er ungefähr 25 Jahre alt zu sein schien, sah sein hellbraunes Haar schon recht gelichtet aus und war einer Stirnglatze gewichen. Seine Haut war vom Leben in der Natur ganz dunkel gebräunt. Irgendetwas an seiner Persönlichkeit fesselte mich. Seine Art, so widerstrebend zu reden, erweckte bei mir den Eindruck, dass er irgendein Geheimnis hütete und ich fragte mich, was das wohl sein könnte. Später erfuhr ich, dass seine Eltern ärztliche Missionare in Indien gewesen waren. Die Menschen und die Schulen in Indien unterschieden sich so stark von Amerika, dass sich die Familie nach ihrer Rückkehr in die USA erst einmal ziemlich umgewöhnen musste. Er fühlte sich in der Gegenwart von amerikanischen Jugendlichen nicht wohl und zog sich meistens von anderen zurück. Obwohl er ein intelligenter, talentierter junger Mann war, hatte er nie geheiratet. Jetzt machte er irgendwie den Eindruck, als liefe er vor dem Leben davon.

Es stellte sich heraus, dass wir beide die einzigen Bewohner dieses Tales waren, was auch in den nächsten Monaten so bleiben sollte. Er mochte meine gesprächige Art und ich fühlte mich von seinem geheimnisvollen Schweigen angezogen. An diesem Tag jedoch verabschiedeten wir uns vorerst und versprachen, uns bald einmal gegenseitig zu besuchen.

Als ich wieder an meiner Höhle anlangte, war ich nicht überrascht, dass alle meine Vorräte verschwunden waren. Schließlich war ich drei Monate in New Mexico gewesen und meine Freunde hatten gedacht, ich wäre tot. Was mich allerdings überraschte, war die Tatsache, dass die Bibel immer noch an der Stelle lag, an der ich sie abgelegt hatte. Eine Stimme schien zu sagen: „Nimm sie und lies, Doug." Aber ich ignorierte die Stimme und beschloss, das Buch später zu öffnen. Erst einmal musste ich alles wieder herrichten.

Ich summte, während ich meine Vorräte wegordnete. Das Geräusch des gurgelnden Wassers klang wie Musik, wie das fröhliche Plaudern glücklicher Kinder. Die Sonne schien oben am Himmel, eine leichte Brise flüsterte in den Platanen, und irgendwo sang ein Rotkehlchen vergnügt vor sich hin. Ich war wieder zu Hause!

Als ich eines Nachmittags in meiner Höhle saß und mir eine Zigarette rollte, hörte ich ein schwaches „Miau!" Ich hielt inne und spitzte meine Ohren, um besser zu hören.

„Miau!"

Ganz eindeutig, das klang wie eine Katze. Es gab hier oben zwar Luchse und Pumas, aber dies hier klang anders, wie eine echte Hauskatze. Wie kam denn ein Kätzchen hier oben in die Wüstenberge, weit entfernt von aller Zivilisation, fragte ich mich. Dann sah ich sie. Auf der anderen Seite des Baches sprang sie von Fels zu Fels. Sie sah wunderschön aus, schwarz-weiß gemustert, mit langem Perserfell.

„Wo kommst du denn her?" fragte ich.

Die Antwort auf diese Frage blieb sie mir schuldig, jedoch stellte sich heraus, dass „Sie" eigentlich ein „Er" war. Ich nannte ihn „Stranger", Fremder. Für die nächsten eineinhalb Jahre machte er meine Höhle zu seinem Zuhause. Er war ein unerbittlicher Jäger und sorgte für den größten Teil seines Nahrungsbedarfs selbst, indem er Eichhörnchen, Vögel und natürlich Mäuse jagte. Keines dieser Lebewesen überlebte lange in meiner Höhle, nachdem Stranger aufgetaucht war.

Manchmal kam er mitten in der Nacht, wenn er mit Jagen fertig war, in meine Schlafhöhle gesprungen und berührte mich sanft mit seiner Pfote an der Nase, bis ich die Bettdecke hochhob und ihn rein ließ. Dann kroch er zu meinen Füßen, rollte sich zusammen und schnurrte. Ich muss sagen, dass es ein sehr angenehmes, entspannendes Gefühl war, diese schnurrende Wärmflasche an den Füßen zu haben. Einmal allerdings musste ich ihn eine Woche lang aus meiner Höhle verbannen, nachdem er eine Auseinandersetzung mit einem Stinktier verloren hatte.

Ich verbrachte viele schöne Stunden damit, meinen Canyon und die umliegende Gegend zu erkunden, bis ich jeden Baum und jeden Strauch wie meine Westentasche kannte. In der Zeit von Frühling bis Herbst kamen an Wochenenden oft Wanderbegeisterte nach hier oben, und nicht selten kam jemand vorbei, um nach dem Weg zu fragen oder sich ein wenig hinzusetzen und zu plaudern.

Eines Tages wanderten Glen und ich aus unserem Canyon zur Stadt, als wir plötzlich ein stöhnendes Geräusch vernahmen. Wir schauten über eine Felskante ganz in der Nähe und entdeckten weiter unten einen jungen Mann, der ächzend und zitternd auf der Kante eines Felsens saß. Aus einer klaffenden Kopfwunde sickerte Blut und lief über die eine Gesichtshälfte. Seine Kleidung war zerrissen und sein Körper war mit Schrammen, Quetschwunden und angetrocknetem Blut übersät. Eilig stiegen wir zu ihm hinunter.

„Was ist passiert?" keuchte ich. Er stöhnte weiter und schaukelte vor und zurück, aber gab keine Antwort. Offensichtlich stand er unter Schock und nahm unsere Gegenwart gar nicht wahr.

Glen warf einen Blick nach oben. „Sieht so aus, als ob er von dort oben heruntergefallen ist." Er zeigte auf den Felsgrat ungefähr 30 Meter über uns. „Es ist mir ein Rätsel, dass er sich nicht zu Tode gestürzt hat."

„Wir sollten lieber Hilfe holen!" sagte ich. Ich beugte mich vor und ging mit meinem Mund nahe an das Ohr des Mannes heran. „Wir kommen so schnell wie möglich wieder zurück. Halt noch ein bisschen durch." Glen und ich rannten los, den Pfad nach Palm Springs hinunter, und mit Sicherheit haben wir sämtliche Geschwindigkeitsrekorde gebrochen, um von diesem Berg ins Tal zu kommen.

Am Mayfair Markt telefonierten wir mit dem Büro der Bergrettung. „Schnell!" Ich konnte kaum atmen. „Im Tahquitz Canyon liegt ein Schwerverletzter. Er ist abgestürzt. Er ist schwer verletzt!"

Rasch wurden einige notwendige Informationen ausgetauscht und dann sagte man mir, dass ein Zwei-Mann-Team sofort mit einem Hubschrauber losfliegen würde. Wir eilten den Pfad wieder hinauf, um dem Verletzten Gesellschaft zu leisten, den Hubschrauber einzuwinken und den Sanitätern den Weg zu zeigen.

Der Helikopter fand einen Platz, wo er in der Luft stehenbleiben konnte. Zwei Männer kletterten heraus und eilten mit ihrer Ausrüstung zu dem Verletzten, während der Pilot mit laufenden Motoren wartete.

Glen und ich standen da und sahen zu. Die Sanitäter untersuchten Herzschlag und Atmung des Mannes, legten eine Infusion an und befestigten ihn auf einer Trage.

Es gab keine ebene Stelle, auf der der Hubschrauber hätte landen können, also setzte der erfahrene Pilot mit einer Kufe auf dem Absatz eines Felsens auf. Wir trugen den Verletzten zu viert langsam die steinige Böschung hinauf bis zu dem Hubschrauber. Jedes Mal, wenn unsere Füße ausrutschten, stöhnte der Mann. Als wir uns der Maschine näherten, fürchtete ich um meine eigene Sicherheit. Die Rotorblätter wirbelten die Luft um uns herum auf, und Staub und Kakteenbüschel trudelten wie wild durch die Gegend. Wir standen in einer wirbelnden Staubwolke. Wir erfassten sofort, in welch gefährlicher Situation wir uns befanden. Wenn der Felsvorsprung, auf dem der Helikopter ruhte, unter der Last nachgab, würde der Hubschrauber auf uns fallen und Hackfleisch aus uns machen. Aber nach wenigen Augenblicken hatten wir den Verletzten sicher im Inneren verstaut. Der Rettungshubschrauber hob sich donnernd in die Lüfte und drehte in Richtung Krankenhaus ab.

Später traf ich den Hubschrauberpiloten zufällig in der Stadt und er erzählte mir, dass der junge Mann getrunken hatte, als er abgestürzt war. „Er hat wirklich Glück gehabt, dass ihr zwei gerade des Weges kamt", sagte der Pilot.

Es war ein gutes Gefühl für mich, dass ich bei der Rettung hatte helfen können. Von diesem Zeitpunkt an entwickelte sich eine freundschaftliche Beziehung zwischen mir und dem Bergrettungsteam von Riverside. In diesen zerklüfteten und wilden Bergen gab es nur allzu häufig verletzte oder vermisste Bergsteiger.

Es kam häufig vor, dass das Helikopterteam über meiner Höhle auf ganz niedrige Flughöhe ging und mich mit dem Megaphon fragte, ob ich einen Bergsteiger gesehen hätte. Ich gestikulierte als Antwort mit den Armen oder schwang ein rotes Handtuch. Obwohl es eigentlich illegal war, dass ich hier lebte – dieses Gebiet gehörte zum Reservat der Agua Caliente Indianer – bleib ich unbehelligt, weil meine Kooperation mit der Bergrettung eine wertvolle Hilfe für sie war.

Die meisten der Leute, die abstürzten, hatten getrunken oder Drogen genommen. Nicht für alle Opfer nahm der Sturz ein glückliches Ende. Wenn Bergsteiger auf einem schmalen Pfad an einer Felswand entlangkletterten, achteten sie gewöhnlich sorgfältig darauf, wo sie mit ihren Füßen hintraten, aber vergaßen gleichzeitig oft, dass ihr Rucksack hinter ihrem Rücken emporragte. Immer wieder passierte es, dass ein Wanderer mit seinem sperrigen Rucksack gegen einen überhängenden Felsen stieß, von dem Stoß das Gleichgewicht verlor und direkt in die Schlucht unter ihm geschleudert wurde.

Einige Bergsteiger versuchten, bergab dem Lauf eines kleinen Baches zu folgen und endeten in einer tödlichen Falle. Eine Kette von drei beieinander liegenden kleinen Seen am Ende des dritten Tales lockte sie ins Verderben. Um den ersten Teich zu erreichen, mussten sie sich eine steile, fast senkrechte Wand hinuntergleiten lassen. Entlang dem Wasserlauf kamen sie dann etwas weiter unten an den zweiten Teich, der ebenfalls von einem steilen Felsen begrenzt war. Wenn sie dann den dritten Teich unter sich entdeckten, stiegen sie noch weiter ab. Was sie von oben nicht sehen konnten, war die Tatsache, dass der dritte Pool in einem 30 Meter hohen Wasserfall endete. Wenn sie diesen Punkt erreichten, war es zu spät, sie saßen in der Falle. Ohne Spezialausrüstung gab es keinen Weg aus diesem Loch heraus. Sie konnten weder vor noch zurück. Vor ihnen donnerte der Wasserfall, hinter ihnen ragten nur steile, glatte Wände empor. Die gleiche Strecke wieder zurückzuklettern wäre genauso, als versuchte ein Käfer an der Innenseite eines Schraubglases emporzuklettern. Einige Bergsteiger starben an Unterkühlung. Andere verhungerten oder kamen durch Schlangenbisse um. Ein älterer Mann erlitt einen Herzinfarkt, als er in das kalte Wasser des Teiches fiel, und verstarb daran.

Wenn ich in die Stadt einkaufen ging, war ich anfangs entsetzt über die Obdachlosen, die in den Mülltonnen hinter den Lebensmittelmärkten herumwühlten. „Was macht ihr da?" fragte ich, als ich sie das erste Mal sah.

„Oh, wir sind auf Schatzsuche. Die Läden schmeißen eine ganze Menge noch brauchbarer Sachen weg, besonders Bananen."

„Igitt!" dachte ich. „Ich würde niemals etwas Essbares aus so einem stinkenden Kübel mitnehmen. Diese Menschen haben einfach keine Selbstachtung."

Jedes Mal, wenn ich in die Stadt kam, sah ich diese Leute den Abfall durchgrabbeln. Schließlich wurde meine Neugier so groß, dass ich etwas näher rückte. Es dauerte nicht lange und ich zeigte mit dem Finger auf Sachen, die ich entdeckt hatte, und sie fischten sie heraus. Dann war es nur noch eine Frage der Zeit, bis ich einer von ihnen war und mich selbst durch den Abfall wühlte. Meine Lieblingsfunde waren braungesprenkelte Bananen, die für die Läden zu reif zum Verkaufen waren, aber für mein Bananenbrot genau die richtige Reife hatten. Auch hinter Nicolinos Bäckerei wurden wir fündig, dort lagen Berge von Brot und Pizza. Anstatt das Brot vom Vortag zum halben Preis zu verkaufen, warfen sie es fort, und so konnten wir uns dort immer reichlich eindecken. Später, als ich Christ wurde, dachte ich: „Sünde ist wie Wühlen im Abfall! Zuerst erscheint sie uns ekelhaft und widerlich, aber wenn man sich an sie gewöhnt, wirkt sie gar nicht mehr so abstoßend, und bald ist man voll mit dabei."

Ich freundete mich bald mit den Obdachlosen in Palm Springs an. Keiner von ihnen hatte normale Namen wie Bob oder Jim. Sie hatten alle Spitznamen wie Spinner-Joe, Zug-Zug oder Bandenratte. Eines Tages standen wir mit einigen von ihnen zusammen und ein Freund von mir namens Rico neckte mich: „Du bist ein Höhlenmensch", sagte er. „Wir können dich nicht mehr Doug nennen. Wir nennen dich Döh-öh-öh. Jawoll. Das erste je von einem Höhlenmenschen gesprochene Wort: Döh-öh-öh." Er imitierte einen retardierten Steinzeitmenschen oder das, was er sich darunter vorstellte.

„Ich wäre lieber einfach nur 'Doug', oder meinetwegen auch 'Höhlenmensch'", sagte ich. „Aber Döh-öh-öh finde ich nicht gut."

Also nannten sie mich „Höhlenmensch", und so werde ich auch heute noch von diesen meinen Freunden genannt.

Die Obdachlosen hatten schon eine komische Art. Little Richie war nur ca. 1,45 m groß und schlief nachts in einem Container für Altkleider und andere Sachen, die die Leute spenden wollten. Er war gerade klein genug, um durch den Einwurfschlitz zu passen und es gefiel ihm dort, weil die Altkleider, die die Leute einwarfen, ein schönes, weiches Bett abgaben. Aber eines frühen Morgens, als Richie noch schlief, hatte jemand die Idee, seine alten Töpfe und Pfannen zu spenden. Man kann sich Richies Überraschung vorstellen, als plötzlich Töpfe und Pfannen auf seinen Kopf niederprasselten! Und man kann sich erst recht die Überraschung des Spenders der guten Gaben vorstellen, als es ihm aus dem Innern der Box entgegentönte: „Hey, hör auf damit!"

Dann war da Spinner-Joe. Er hatte sich mit LSD-Trips sein Gehirn aus dem Kopf gepustet und stand manchmal vor den Schaufenstern der Geschäfte und debattierte mit den Schaufensterpuppen.

Als ich das erste Mal in meine Höhle gezogen war, konnte ich Blockflöte spielen. Aber eine Blockflöte ist in ihren Möglichkeiten doch etwas limitiert, und so wünschte ich mir ein Instrument, das etwas vielseitiger war. Als mein Bruder mich in einem Brief fragte, was ich mir zum Geburtstag wünschte, antwortete ich: eine Querflöte.

Einige Wochen später kam ein Päckchen an und ich öffnete es voller Erwartung. Da lag eine neue, wunderschöne silberne Yamaha Querflöte in einem mit blauem Samt ausgeschlagenen Kasten vor mir! Allerdings stellte sich das Spielen als schwieriger heraus, als ich gedacht hatte, aber ich hatte ja unendlich viel Zeit. Schließlich hatte ich es so gut gelernt, dass meine Zuhörer den Eindruck hatten, ich wusste schon, was ich da tat. Wenn ich später zum Einkaufen in die Stadt ging, nahm ich meine Flöte mit. Ich suchte mir eine günstige Stelle vor einem Bücherladen, wo auch andere Hippies herumhingen, setzte mich mit gekreuzten Beinen auf den Gehweg und spielte auf meiner Flöte. Gelegentlich hielten Fußgänger an, um zuzuhören, und manchmal warf sogar jemand eine Münze in die Tasse, die ich vor mir stehen hatte. Wenn ich meinte, genug Geld für meine Einkäufe zusammen zu haben, nahm ich meine Einnahmen an mich und trottete in Richtung Mayfair-Markt, um mir die Dinge zu kaufen, die die Mülltonnen nicht hergaben.

KAPITEL 11

Ich entdecke die Wahrheit

Irgendwann war der Reiz des Neuen verschwunden und in die Aufregung des Höhlenlebens kehrte der Alltag ein. Es passierte nicht viel. Umgeben von der Großartigkeit und Majestät der Natur wandten sich meine Gedanken Gott zu. Ich sehnte mich nach echtem inneren Frieden. Diese Sehnsucht hatte mich ja auch ursprünglich an diesen Platz getrieben. Ich fing an, eine Menge Bücher zu lesen. Philosophie und östliche Religionen standen dabei auf dem Programm. Die östlichen Religionen forderten mich auf zu meditieren, nach innen zu schauen, denn dort würde ich Gott finden. Aber je mehr ich in mein Inneres sah, desto unzufriedener wurde ich, denn ich wusste nur allzu gut, dass mein Innerstes ein heilloses Chaos war.

Ich war durch meine jüdischen Verwandten grundsätzlich gegen das Christentum eingenommen. Sie hatten Vorurteile, weil sie natürlich Jesus nicht als den Messias anerkannten. Mir war erzählt worden, dass das Christentum der Auslöser für all die Kriege war, die jemals in der europäischen Geschichte stattgefunden hatten – für die Kreuzzüge, die Massaker des dunklen Mittelalters und die Kriege in Irland zwischen Katholiken und Protestanten.

Eine Sache, die ich über Jesus Christus gehört hatte, erregte allerdings mein Interesse. Man hatte mir – fälschlicherweise – erzählt, dass Jesus Reinkarnation lehrte. Ich beschloss, der Sache auf den Grund zu gehen. Vielleicht fand ich ja sogar einige Munition, die ich gegen die Jesusfreaks einsetzen konnte, die immer mit mir über Religion diskutieren wollten.

Also nahm ich eines Tages die Bibel von ihrer felsigen Ablage und wischte den Staub vom Deckel. Auf dem Einband stand: „Heilige Schrift, King James Version." Ich fragte mich, wer diese King James Jungfrau („virgin") wohl gewesen war. Obwohl ich die neunte Klasse beendet hatte, war ich kein sehr guter Leser, und ich konnte „version" (=Version) nicht von „virgin" (=Jungfrau) unterscheiden. [Zwei im Englischen sehr ähnlich klingende Wörter. Anmerk. d. Übers.] Ich öffnete die Bibel und las auf dem Deckblatt: „Wiedergeboren am 12. Juli 1972. Es ist mein Gebet, dass der Finder dieser Bibel sie liest und den gleichen Frieden und die Freude findet, die ich gefunden habe." Darunter war die Unterschrift des Spenders zu lesen.

„Nun gut", dachte ich, „ich bin tatsächlich auf der Suche nach Frieden. Ich zweifle allerdings, dass ich ihn hier finden werde." Nichtsdestotrotz ließ ich mich auf meinem Sessel nieder und begann zu lesen. Jedes Mal, wenn ich zu dem altertümlichen Wort „brethren" für *Brüder* kam, dachte ich, es heißt „breathing" wie *Atmen*. „Dies muss irgendein religiöser Fachausdruck sein", dachte ich. Man glaubt ja nicht, wie viel sie in der Apostelgeschichte „atmen"!

Obwohl ich meinen Kampf mit der altmodischen Sprache der King James Version hatte, nahmen die Erzählungen mich gefangen. Es schien, als wenn eine himmlische Gegenwart im Raum zu spüren war, die an meiner Seite stand und mir die Überzeugung ins Herz gab, dass dies hier wirklich die Wahrheit war. Mir gefiel die Geschichte von Adam und Eva, und ich wünschte, ich könnte sie wirklich als wahr annehmen, denn das hätte mir geholfen, mich selbst besser zu verstehen und mich besser zu fühlen. Wenn Gott den ersten Mann und die erste Frau schuf, dann war ich ja der Nachkomme eines Sohnes Gottes! Nicht der Nachkomme irgendeiner Amöbe oder eines Affen! Ich las weiter und erlebte im Geiste diese ersten Ereignisse unserer Weltgeschichte lebendig mit. Es machte mich traurig, dass Adam und Eva ungehorsam gewesen waren und den Garten Eden verlassen mussten.

Die Geschichte von der Sintflut fesselte meine Vorstellungskraft. Wenn die ganze Erde von Wasser bedeckt gewesen war, war es ja kein Wunder, dass ich auf 2.300 Meter Höhe Meeresfossilien gefunden hatte, als ich in New Mexico lebte. Das erklärte auch, warum die Wände meiner Höhle auf einer Höhe von mehreren hundert Metern ganz glatt ausgewaschen waren. Eine katastrophale Flut solch unvorstellbaren Ausmaßes, die Tonnen von Schlamm mit sich wälzte, während die Wasserfluten vor und zurück brandeten, erschien mir viel logischer als alles, was mir meine Lehrer bisher in der Schule beigebracht hatten.

Wenn mir mein Sessel zu hart wurde, stand ich auf, ging zu meiner Hängematte und las weiter. Wenn mein Magenknurren zu laut wurde, legte ich die Bibel widerstrebend zur Seite und machte mir etwas zu essen. Dann setzte ich mich an meinen „Tisch" (einen umgedrehten Eimer), legte die Bibel auf meine Knie und las zwischen den einzelnen Bissen weiter.

Jakob erinnerte mich an mich selbst. Sein betrügerischer Trick hatte ihn zu Hause in echte Schwierigkeiten gestürzt und er war gezwungen, um sein Leben zu fliehen. Ich dachte an die vielen Male, wo ich von Zuhause fortgelaufen war. Als ich den Teil der Geschichte las, wie Jakob schließlich wieder zu seinem Vater zurückkehrte, kamen mir fast die Tränen.

Als ich zu den Zehn Geboten kam, musste ich sie zwei Mal lesen. Diese Aufstellung von Regeln schien absolut vollkommen zu sein! Ich bemerkte, dass das vierte Gebot sagte, dass man den siebenten Tag heilig halten sollte, also schaute ich auf meinem alten Kalender nach, der in meiner Schlafhöhle lag. „Das ist ja Sonnabend, oder?" wunderte ich mich. Dann las ich die Zehn Gebote ein drittes Mal. „Wenn die Menschen nur nach diesen Regeln leben würden, wie anders würde unsere Welt aussehen!" dachte ich.

Als ich zu den Baubeschreibungen der Stiftshütte in 2. Mose kam, blieb ich irgendwie stecken. So viele Namen, die ich nicht aussprechen konnte, so viele Materialien und Geräte und Zahlen! Schließlich legte ich die Bibel zur Seite, aber in meinem Kopf gingen die Geschichten, die ich gelesen hatte, weiter herum und langsam wurde mir klar, dass Gott sich *tatsächlich* um die menschlichen Angelegenheiten kümmerte.

Eines Tages lief mir in der Stadt ein Jesusfreak über den Weg, aber anstatt ihm wie gewöhnlich aus dem Weg zu gehen, erzählte ich ihm, dass ich in der Bibel gelesen hätte. „Aber die Erzählungen hörten auf", sagte ich traurig. „Danach kamen nur noch lauter Namen und Zahlen, die sich ständig wiederholten. Gibt es nicht noch mehr gute Geschichten?"

„Na klar, die ganze Bibel ist voll davon", erwiderte er. „Warum versuchst du es nicht einmal mit dem Neuen Testament? Matthäus, Markus, Lukas und Johannes. Sie handeln alle von Jesus Christus."

„Ich weiß nicht genau, ob ich an Jesus Christus glaube", entgegnete ich langsam.

Er versuchte nicht, mich zu überzeugen. „Das musst du selbst wissen", sagte er nur.

Ich entschloss mich, es einmal mit dem Neuen Testament zu versuchen. Als allerdings Matthäus ebenso mit einer Ahnenreihe begann, dachte ich schon, ich hätte einen Fehler gemacht, aber bald war ich mit dieser ganzen „Zeugerei" durch und entdeckte zu meiner Freude, dass das Kapitel tatsächlich auch eine Erzählung mit einer Handlung enthielt. Als ich anfing, Matthäus zu lesen, war meine innere Antenne voll auf „Vorsicht" geschaltet. Ich erwartete, einen Jesus vorzufinden, der ein betrügerischer Scharlatan war, der nur auf seine eigene Ehre bedacht war. Stattdessen entdeckte ich einen Jesus, der ein warmer, starker, liebevoller und vergebender Mensch war, der umherging und die Menschen lehrte, sie heilte und sogar vom Tode erweckte.

Ich spürte wieder diese himmlische Gegenwart, die mir die Gewissheit gab, dass dies die Wahrheit war. Gleichzeitig war aber auch Satan nicht müde, in mir Zweifel zu säen. „Du weißt noch nicht einmal, ob diese Person überhaupt tatsächlich existiert hat! Vielleicht ist er nur eine Fantasiegestalt, von cleveren Schreibern erfunden!" flüsterte er mir ein.

Nun, vielleicht stimmte das, aber ich konnte das ja nachprüfen und sehen, was ich herausbekommen konnte. Ich stattete der öffentlichen Bibliothek in Palm Springs einen Besuch ab. Ich fand heraus, dass Jesus nicht nur tatsächlich eine historische Gestalt war, er war sogar von solcher Bedeutung, dass die ganze Zeitrechnung in der westlichen Welt an das Datum seiner Geburt gekoppelt ist!

Ich beendete Matthäus und begann mit Markus. Er erzählte im Prinzip die gleiche Geschichte, aber hier war mehr Action zu spüren. Das Buch Lukas gefiel mir ausgesprochen gut, besonders die Geschichte vom Verlorenen Sohn. Ich spürte, dass ich dieser rebellische Sohn war, der zu seinem himmlischen Vater zurückkehren musste.

Lukas erzählte außerdem die Geschichte vom Barmherzigen Samariter. Ich dachte an all die Menschen, die an mir vorbeigefahren waren, wenn ich als Tramper unterwegs war und oft völlig alleingelassen und am Boden zerstört war. Dann kam dieser Christ daher, genau wie der Barmherzige Samariter, und hatte mir geholfen. Ich begann, das Christentum in einem neuen Licht zu sehen, in dessen Schein alle anderen Religionen zur Bedeutungslosigkeit verblassten. Anstatt auf der Suche nach Stärke und Kraft nach innen zu schauen, forderte mich das Christentum auf, auf Jesus zu sehen. Er würde mir die Ruhe und Vergebung schenken, nach der ich so inbrünstig suchte.

Das Buch Johannes begeisterte mich. Es vermittelte eine tiefgründige Vorstellung über Gott und seine Liebe, und ich konnte spüren, wie mich Jesus zu sich zog.

Als ich die vier Evangelien beendet hatte, wusste ich, dass der Zeitpunkt gekommen war, wo ich eine Entscheidung treffen musste, wie ich mich zu Jesus stellen wollte. Ich wusste, dass er tatsächlich gelebt hatte, aber wer war er wirklich? Ich konnte drei Möglichkeiten erkennen. Entweder war er verrückt, oder er war ein Lügner, oder er war der, der er behauptete zu sein, nämlich Gottes Sohn.

Ich wollte von ganzem Herzen die Wahrheit erfahren. Es kam mir nicht der Gedanke, dass ich vielleicht um Führung hätte beten können, aber ich bin sicher, dass Gott das Sehnen meines Herzens auch so verstand und mir half, meine Gedanken zu ordnen.

„Könnte es sein, dass er verrückt gewesen ist?" fragte ich mich selbst.

Ich dachte an die vielen Gelegenheiten, wo er seine Feinde mit nur wenigen Worten zum Schweigen gebracht hatte. Ich dachte an die Kraft, die von seinen Worten ausging, z. B. bei der Bergpredigt, oder daran, wie er die Gedanken und Absichten in den Herzen der Menschen lesen konnte. Nein, entschied ich mich, er konnte nicht verrückt gewesen sein, er war genial, hochintelligent.

„War er ein Lügner und Betrüger?"

Ich dachte an sein Leben des selbstlosen Dienstes, wie er umhergezogen war und die Kranken geheilt hatte, Tote auferweckt und Dämonen ausgetrieben hatte. Sein ganzes Leben war nur darauf ausgerichtet, Wahrheit zu fördern und Heuchelei zu entlarven. Wenn er ein Lügner gewesen wäre, hätte er ja mit Leichtigkeit bei seiner Gerichtsverhandlung lügen und seiner sicheren Verurteilung zum Tode entgehen können. Ich war ein sehr gewiefter Lügner, und man sagt, nur ein Lügner erkennt einen Lügner. Nein, er war kein Lügner.

Das ließ nur noch einen Schluss zu.

Jesus musste der sein, der er behauptete zu sein – Gott, der Fleisch geworden und auf diese Erde gekommen war, um unter uns zu wohnen. Als mir diese Erkenntnis dämmerte, fiel ich dort in meiner Höhle, wo ich war, auf die Knie. „Herr Jesus!" rief ich laut. „Ich glaube, dass du der Sohn Gottes bist und dass du mein Erlöser bist. Ich glaube, dass du für meine Sünden bezahlt hast. Ich möchte, dass du in mein Leben kommst und mir zeigst, wie ich dir nachfolgen kann."

Satan bemühte sich, mich von dieser Entscheidung, die ich traf, abzuhalten. Ich konnte förmlich spüren, wie die Mächte des Guten und des Bösen in meinem Herzen einen Kampf ausfochten.

„Was machst du da?" fragte Satan. „Du bist wohl zu lange hier draußen gewesen. Guck mal an, du fängst schon an, zu dir selbst zu reden! Und im Übrigen, du bist ein hoffnungsloser Sünder. Denk mal an all die abgrundschlechten Dinge, die du getan hast. Du bist zu weit gegangen, für dich gibt es keine Hoffnung."

„Aber was könnte ich denn verlieren, außer meiner Sünde und meiner Schuld?" antwortete ich. „Jesus, ich weiß, ich habe eine Menge gemeiner, dummer Dinge getan. Es tut mir so leid. Kannst du mir bitte alles das vergeben? Und kannst du mich bitte ändern?"

Ich blieb noch eine Weile auf meinen Knien. Ich sah keine Blitze um mich zucken oder irgendetwas Dramatisches passieren, aber irgendwie *wusste* ich, dass Gott mein Gebet gehört hatte und mir meine Sünden vergab. In mein Herz zog der süßeste Friede ein, den ich je in meinem Leben gespürt hatte. Langsam erhob ich mich wieder von meinen Knien und sah mich um. Die ganze Welt schien auf einmal schöner zu sein. Die Musik des Wasserfalls, das kristallklare Wasser meines Pools, die schwankenden Bäume, der blaue Himmel – was für eine wundervolle Welt, die Gott geschaffen hatte, damit wir Menschen darin leben sollten! Mein Herz sang und ich hatte das starke Bedürfnis, mein Glück irgendjemandem mitzuteilen.

Ich hörte an jenem Tag nicht auf zu rauchen. Ich hörte auch nicht auf zu trinken oder Marihuana zu nehmen. Gott erdrückte mich nicht, indem er mir all die Dinge, die ich würde ändern müssen, auf einmal zeigte. Aber er nahm mich an und ich wusste, dass ich Christus gehörte. Der Heilige Geist würde mich nach und nach von meinen Sünden überzeugen, Schritt für Schritt, und ich würde in der Gnade wachsen und zunehmen.

Zwei Tage später kam ein Baptist an meiner Höhle vorbeigewandert und hielt für einen kleinen Plausch an. Unsere Unterhaltung drehte sich augenblicklich um Religion, und ich erzählte ihm alles über meine Übergabe an Jesus. „Das ist wundervoll, Doug! Ich freue mich so für dich", sagte er voller Ernst. „Aber du bist noch nicht getauft worden, oder?"

„Nein, nicht", stimmte ich zögernd zu. „Daran habe ich noch nicht einmal gedacht. Wo steht das in der Bibel?" Er nahm meine Bibel und fand schnell die Stelle im Buch Matthäus. „Hier steht es in Matthäus 28,19. 'Darum gehet hin in alle Welt und lehret alle Völker. Taufet sie auf den Namen des Vaters, des Sohnes und des Heiligen Geistes.'"

„Nun, ich denke, das ist deutlich genug", gab ich zu, „aber wie kann ich getauft werden? Ich kenne nicht einmal einen Prediger."

„Das ist kein Problem", sagte er. „Hier ist doch Wasser. Ich werde dich taufen."

„Nun ja, äh … " Ich zögerte noch. „Okay, wenn es das ist, wozu die Bibel uns auffordert, dann wollen wir es tun. Ich werde etwas zum Abtrocknen holen." Ich nahm zwei Handtücher von meiner Ablage und legte sie neben den Pool auf die Erde. Als wir in das eiskalte Wasser stiegen, mussten wir beide nach Luft schnappen.

„Halte dich an meinem linken Handgelenk fest", sagte er. Ich ergriff sein Handgelenk mit beiden Händen. Er hob seinen rechten Arm über meinen Kopf und sagte feierlich: „Bruder Doug, aufgrund deines Glaubens an Jesus Christus als den Sohn Gottes taufe ich dich nun auf den Namen des Vaters und des Sohnes und des Heiligen Geistes. Amen." Er versenkte mich unter die Wasseroberfläche und hob mich wieder hoch. Beide kletterten wir aus dem kalten Wasser, und während wir unsere tropfnassen Körper abtrockneten, spürte ich unbändige Freude.

Mein Enthusiasmus war allerdings von kurzer Lebensdauer. Noch am selben Tag wanderte ich zur Stadt hinunter, um meine Taufe mit zwei Bier zu feiern. Irgendetwas in mir sagte: „Nein, Doug, Christen trinken nicht."

„Aber trank Jesus nicht auch Wein?" argumentierte ich. „Hat er nicht Wasser in Wein verwandelt?" Niemand hatte mir beigebracht, dass das Wort *Wein* in der Bibel häufig unvergorener „Traubensaft" bedeutete. Später sollte ich dann herausfinden, dass die Bibel in Wirklichkeit lehrte, dass Trinken töricht und schlecht ist (siehe Sprüche 20,1).

Ich hatte schon viele Drogen in meinem Leben genommen, z. B. LSD, Haschisch, Aufputschmittel, Beruhigungsmittel, verschiedene Cannabisprodukte, Angel Dust und Kokain, aber keine dieser Drogen machte stärker abhängig oder war gefährlicher als Alkohol. Alkohol war die Ursache für mehr als die Hälfte der Unfälle auf den Straßen. Und mehr als die Hälfte der Menschen im Gefängnis, im Krankenhaus oder in psychiatrischen Kliniken bräuchten dort nicht zu sein, wenn es den Alkohol nicht gäbe.

Ich hatte nicht geplant, mich an diesem Tag zu betrinken, aber nach einem Bier war meine Willenskraft geschwächt und so nahm ich einige zusätzliche Drinks mit einem Freund. Bevor die Sonne an diesem meinem Tauftag unterging, landete ich hinter Gittern wegen Erregen öffentlichen Ärgernisses.

Mein baptistischer Freund hatte zwar den Taufbefehl gelesen, aber etwas Wichtiges ausgelassen: „Darum gehet hin in alle Welt und lehret alle Völker. Taufet sie auf den Namen des Vaters, des Sohnes und des Heiligen Geistes. Und *lehret sie halten* alles, was ich euch befohlen habe." Er hatte mich nicht gelehrt, wie ich ein christliches Leben führen konnte. Zu seiner Verteidigung möchte ich sagen, dass es viel Zeit kostet, einen neuen Christen zu unterrichten, und er war ja nur kurz auf seiner Wanderung an meiner Höhle vorbeigekommen. Gott benutzte ihn, um mich auf meinem Weg als Christ auf die richtige Fährte zu setzen. Später lehrten andere Christen mich, was es bedeutet, ein Leben als Christ zu führen.

Ich schämte mich, als ich am nächsten Tag aus dem Gefängnis entlassen wurde, aber irgendwie wusste ich, dass Gott mir vergeben würde, und ich hörte nicht auf, zu lesen und zu beten. Ich begann, nach Anzeichen Ausschau zu halten, dass der Herr mit mir war. Ich las in der Schrift, „Saget Dank für alles", und ich nahm Gott beim Wort. Wenn ich mir den Kopf stieß oder mich irgendwie verletzte, sagte ich „Danke, Herr." Ich wollte nicht, dass der Teufel mich dazu brachte, Flüche auszustoßen, und ich wusste, dass ich nicht gleichzeitig fluchen und Gott danken konnte.

Ich war enttäuscht darüber, dass Glen sich für mein neues Glück und meine Freude so wenig zu interessieren schien. Ich konnte seine Einstellung nicht verstehen, aber ich ließ mich dadurch in meiner Begeisterung nicht dämpfen. Mein Enthusiasmus wuchs täglich, und ich fing an, dafür zu beten, dass Gott mir einen Weg eröffnete, wie ich für ihn ein Zeugnis ablegen konnte. „Aber das ist wahrscheinlich zu schwer, sogar für Gott", dachte ich. „Hier oben gibt es keinen Menschen außer Glen, und der hat kein Interesse."

Wie wenig ahnte ich, was Gott für mich bereithielt – und für Glen! Mir war zu der Zeit nicht klar, dass Glen durchaus an geistlichen Dingen Interesse hatte. Einige Jahre später erst sollte er sein Leben erneut Gott übergeben.

KAPITEL 12

Star für einen Tag

Einige Tage, nachdem ich Gott gebeten hatte, mir zu zeigen, wie ich für ihn Zeugnis ablegen könnte, wanderte ich aus dem Canyon hinunter, um meinen allmonatlichen Anruf bei meiner Mutter zu machen. Als sie meine Stimme hörte, wurde sie ganz aufgeregt.

„Oh, Doug, du rätst nie, was ich für dich hab!" sprudelte sie los. „Ich habe mit einem Nachrichtenreporter vom Fernsehsender CBS zu Mittag gegessen, und er meinte, dass es eine phantastische Story abgeben würde, über einen Millionärssohn zu berichten, der in einer Höhle lebt. Er will zu dir raufkommen und mit dir einen Bericht drehen."

„Klasse", sagte ich. Im Fernsehen zu erscheinen, das klang doch aufregend! Ich schätze, dass ich einiges von der Liebe meiner Mutter zum Schauspielerischen geerbt habe. „Wann kommen sie?" fragte ich.

„Ich weiß es nicht. Ruf mich morgen wieder an. Bis dahin sollte ich es wissen", sagte sie. In dieser Woche stieg ich etliche Male den weiten, beschwerlichen Weg von meiner Höhle bis zur Stadt hinunter- und wieder hinauf, aber jedes Mal hörte ich die gleiche Antwort: „Ruf mich morgen noch mal an."

Schließlich war Mom über CBS so frustriert, dass sie Kontakt mit NBC, einem anderen großen Sender, aufnahm. Die sprangen sofort auf die Story an. Am nächsten Morgen um 9.30 Uhr traf ich meine Mutter und zwei Kamerateams, eins von CBS und eins von NBC. Nichtsahnend hatten beide Mannschaften das gleiche Flugzeug bestiegen und waren zusammen auf dem Flugplatz angekommen. Sofort setzte eine laute Auseinandersetzung darüber ein, wer jetzt die Story bekommen sollte. Das Ganze war für mich höchst peinlich, aber Mom, meine herzensgute Mom, schritt energisch ein und betätigte sich als Schiedsrichter.

„Sie haben Ihre Chance gehabt", sagte sie zu den CBS-Leuten. „Mein Sohn ist jeden Tag den beschwerlichen Weg rauf und runter geklettert, aber Sie haben uns nur hingehalten. Deshalb kriegt NBC die Story."

Der CBS-Mann lief rot im Gesicht an und begann, meine Mutter anzuschreien: „Ihnen ist wohl nicht klar, meine Dame, wie viel Arbeit es macht, so eine Sache vorzubereiten? Schneller als jetzt hätte ich die Arrangements niemals machen können", wetterte er.

„Das kann schon sein, aber fest steht, dass NBC nicht so lange gebraucht hat, seine Sachen zusammenzukriegen", konterte sie. „NBC kriegt die Story und damit Basta!"

„Haben Sie eine Ahnung, welchen finanziellen Verlust das für meine Gesellschaft bedeutet? Madame, Sie sind für mich das Letzte!" zischte er, schnappte seine Crew und stürmte davon.

Zuerst fragte ich mich: „Herr, warum musste das alles passieren?" Später fand ich dann heraus, dass der CBS-Korrespondent einen Leopardenanzug à la Tarzan für mich mitgebracht und vorgehabt hatte, das Ganze als ein komödiantisches Spektakel aufzuziehen. Gott wusste schon genau, was er tat!

Die helle Aufregung schien meine Mutter aber nicht weiter zu irritieren. In kürzester Zeit hatte sie alles Notwendige organisiert und wir starteten in Richtung Höhle. Unser Hubschrauberpilot, Pete Scott, musste zwei Mal fliegen, um uns alle mitsamt der Ausrüstung ins dritte Tal hinaufzuschaffen, aber mit dem Helikopter war das sehr schnell getan.

Wie aufregend war es, den Pfad, den ich so viele Male gewandert war, aus der Luft zu sehen! Die Landung erforderte großes Können. Vor der Höhle war nicht genug Platz zum Landen, also suchte sich Pete einen großen flachen Felsen ein Stückchen abseits und setzte mit einer Kufe auf. Dann hielt er den Helikopter in der Luft, während die Fluggäste mitsamt ihrem Gepäck ausstiegen.

Pete und ich kannten uns recht gut. Er war einer der Piloten, die für die Bergrettung arbeiteten, und er nahm immer mit mir Kontakt auf, wenn sie auf der Suche nach einem vermissten Bergsteiger waren. Er amüsierte sich über den ganzen Trubel, der um seinen Hippie-Freund gemacht wurde.

Nachdem sie ihre ganze Ausrüstung aufgebaut hatten, gaben sie mir einige Instruktionen und begannen zu filmen. Als erstes drehten sie eine Szene, wie ich mit meinem Rucksack auf dem Rücken den Bergpfad hinaufwanderte. Dann forderten sie mich auf, ein Feuer zu machen und irgendetwas zu kochen. Sie filmten meine Höhle von innen und von außen – meine Hängematte, den kleinen Wasserfall, den Pool, meinen Sessel und sogar den Plastikeimer, der gleichzeitig als Tisch und als Aufbewahrungsbehälter für Nahrungsmittel diente, um kleine krabbelnde Viecher abzuhalten.

„Was machst du noch so außer Kochen und Essen?" fragte der Aufnahmeleiter.

„Ach, manchmal erkunde ich die Gegend, manchmal stelle ich etwas her, manchmal lese ich", sagte ich. „Manchmal schwimme ich im Pool."

Sein Gesicht leuchtete auf. „Wie wäre es, wenn du für die Kamera eine kleine Runde im Pool drehst?" fragte er. „Das gäbe ein tolles Abschlussbild."

Ich zögerte und sah auf die Erde. Schließlich sagte ich: „Ich habe keine Badehose."

„Oh, das ist kein Problem", versicherte er mir. „Meine Kameraleute sind Profis. Sie können einige gute Bilder schießen von so weit weg, dass niemand sieht, dass du nackt bist."

Ich dachte einen Moment nach. „Okay", sagte ich. „Wenn es Ihnen nichts ausmacht, mir auch nicht." Ich entblätterte mich. Das Kamerateam zog sich so weit wie möglich zurück. Ich kletterte auf den Felsen, der etwa 7 Meter über dem Pool emporragte und machte einen Kopfsprung ins Wasser. Der Aufnahmeleiter und die Kameraleute waren begeistert. Ich schwamm ein, zwei Minuten im Pool herum, während die Kameras surrten. Mom stand an der Seite und reichte mir ein Handtuch, als ich herauskletterte. (Sie konnte ich natürlich nicht schocken!) Nachdem ich mich wieder angezogen hatte, wollte der Aufnahmeleiter mir einige Fragen für das Interview stellen. „Schießen Sie los!" sagte ich.

„Dein Vater ist Multimillionär. Deine Mutter ist im Showgeschäft. Die ganze Welt liegt dir zu Füßen – alles könntest du machen. Warum ziehst du es vor, an so einem Ort hier zu leben, weit weg von den Annehmlichkeiten der Zivilisation?"

Ich dachte einen Augenblick nach. „Ich glaube, ich war irgendwie ein Feigling, ich bin aus der Lebensschule davongelaufen. Ich wollte mich im Leben nicht einengen lassen, mir nichts vorschreiben lassen. Ich wollte nur das tun, was ich gern tun wollte. Alles und alle um mich herum kamen mir so heuchlerisch vor. Das Motto schien: fressen und gefressen werden. Ich war ständig in Schwierigkeiten. Ich weiß, ich hatte ein echtes Problem mit meiner Grundeinstellung. Hier draußen fühle ich mich unbeschwert und wunderbar. Ich kriege massenweise Sonnenschein, frische Luft und Bewegung, wenn ich über meine Bergpfade klettere.

Ich habe in meiner Höhle eine Bibel gefunden. In dieser Bibel habe ich Jesus Christus kennen gelernt. Er hat mein Leben verändert und ich habe endlich die Freude und den Frieden gefunden, den ich immer gesucht habe. Nachdem ich Jesus jetzt gefunden habe, möchte ich es der ganzen Welt erzählen. Ich bin jetzt ein freier Mensch, denn meine Sünden sind vergeben. Ich wünschte, jeder Mensch könnte so glücklich sein, wie ich es bin, hier in meiner Höhle mit Gott, umgeben von all den Dingen, die er geschaffen hat."

Als ich meine kleine Rede beendet hatte, filmten sie mich, wie ich auf meiner Flöte spielte. Dann packten sie ihre Ausrüstung wieder ein und wir kehrten gemeinsam nach Palm Springs zurück.

„Wann wird das gesendet werden?" fragte ich den Aufnahmeleiter.

„Es wird heute dreimal zu sehen sein – jeweils zu den Nachrichten um 17.00 Uhr, 22.00 Uhr und 23.00 Uhr", sagte er.

„Wie wollen die das schaffen?" fragte ich skeptisch. „Es ist schon fast 14.00 Uhr."

„Pass auf, du wirst es schon sehen", sagte er mit einem zwinkernden Auge. „Vergiss nicht, wir sind Profis." Aber ich hatte immer noch meine Zweifel.

„Es gibt nur noch eine Sache", sagte ich. „Erwähnen Sie bitte nicht, wo dieser Platz ist. Ich möchte nicht, dass meine Höhle zu einem Wallfahrtsort für Touristen wird."

„Ich verstehe. Ich werde das an den Boss weitergeben", versprach er.

Nachdem wir alle den Berg wieder hinuntergeflogen waren, beschloss ich, in der Stadt zu bleiben und zu sehen, ob sie es wirklich zu den 17.00-Uhr-Nachrichten schaffen würden. Ich hatte natürlich keinen Fernseher in meiner Höhle, und ich fragte mich, wo ich mir die Sendung angucken könnte. Ich konnte ja nicht einfach bei irgend jemandem klingeln und fragen, ob ich mir mal um 17.00 Uhr die Nachrichten ansehen könnte. Als ich so die Straße entlangging, fiel mir ein Hotel auf der anderen Straßenseite ins Auge. „Das ist es!" sagte ich laut. „Ich werde den Portier fragen, ob ich im Foyer den Fernseher einschalten und gucken darf."

Die Dame an der Rezeption gab, wenn auch widerstrebend, ihre Einwilligung. Also schaltete ich den Fernseher ein und suchte den richtigen Sender. Ich war so aufgeregt, dass ich kaum still sitzen konnte. Ich wünschte, ich hätte die Gelegenheit gehabt, einigen meiner Freunde Bescheid zu geben, aber dafür war es jetzt zu spät. Gerade in dem Moment sah ich Joe, einen befreundeten Polizisten, direkt vor dem Hoteleingang parken. Ich rannte nach draußen und schnappte ihn. „Komm her, Joe. Es gibt hier etwas, was ich dir zeigen will", sagte ich aufgeregt.

„Was ist es? Ich bin im Dienst und ich habe keine Zeit", protestierte er.

„Es dauert nur ein paar Minuten", versicherte ich ihm. „Sie zeigen einen Verbrecher aus dieser Gegend in den 17.00-Uhr-Nachrichten."

„Ach ja?" Seine Augenbrauen hoben sich. „Wer ist es?"

„Das wirst du schon sehen", sagte ich.

Wir mussten eine Weile die anderen Nachrichten ansehen, und Joe wollte gerade wieder gehen, als auf der Mattscheibe ein Helikopter erschien, der über unseren Canyon flog. „Im Tahquitz Canyon, nur einige Meilen von Palm Springs entfernt, liegt ein traumhaftes Paradies", begann der Nachrichtensprecher.

„Oh nein!" grummelte ich. „Sie haben doch verraten, wo meine Höhle ist!" Aber zu dem Zeitpunkt machte ich mir nicht all zu viel Gedanken darüber. Ich war zu aufgeregt, all die Bilder zu sehen: Wie ich den Pfad hinaufkletterte, wie ich eine Feuerstelle baute und wie ich kochte. Ich warf einen Blick zu Joe hinüber. Er saß auf seiner Stuhlkante und schaute wie gebannt zu. Ich fühlte mich wie eine Berühmtheit. Zwar war ich etwas nervös, wie wohl der splitternackte Sprung in den Pool ausfallen würde, aber ich muss sagen, dass das Kamerateam die delikate Situation mit Fingerspitzengefühl gehandhabt hatte, genau wie der Aufnahmeleiter gesagt hatte. Ich seufzte voller Erleichterung. Als ich am Ende des Programms meine kleine Rede hielt, zog Joe eine Augenbraue hoch und sah mich an.

„Bist du Christ, Doug?"

Seitdem ich angefangen hatte, in der Bibel zu lesen, hatte mich das noch nie jemand gefragt. Ich fragte mich, ob ich gut genug war, um diese Frage mit Ja zu beantworten.

„Ich versuche, es zu sein", antwortete ich schließlich.

„Ich bin froh, das zu hören", sagte Joe mit einem zwinkernden Auge. „Ich bin selbst Sonntagsschullehrer. Bleib am Ball, Höhlenmensch. Du bist auf dem richtigen Weg."

Später erzählte mir einer meiner Freunde, dass er an dem Tag drei Mal die Nachrichten gesehen hatte, während er im Gefängnis saß.

Zu dem Zeitpunkt wusste ich es noch nicht, aber das Leben sollte für mich nach diesem Fernsehauftritt nie wieder das Gleiche sein.

Einige Tage später, als ich auf dem Weg in die Stadt war, traf ich einen Bergsteiger auf dem Pumapfad. „Hallo! Wohin des Wegs?" fragte ich.

„Ich bin auf dem Weg zu einem Kerl im dritten Tal. Er lebt in einer Höhle – ich hab ihn im Fernsehen gesehen!" sagte er aufgeregt. Ich setzte ein unschuldiges Gesicht auf, was mir nur mit Mühe gelang.

„Ach, wirklich?" sagte ich. „Wer ist das? Erzähl mal, was du weißt!"

Er fing an, Sachen über mich zu erzählen. Dabei schmückte er die Geschichte mit einigen interessanten Informationen aus, die noch nicht einmal ich kannte. Zum Schluss konnte ich nicht länger mehr an mich halten.

„Weißt du was, Kumpel", sagte ich. „Es gibt da etwas, was ich dir wohl verraten sollte. Weißt du, dieser Typ, der in der Höhle lebt … "

„Was ist mit ihm?" Er sah mich fragend an.

„Das bin ich! Ich bin der Junge – der, den du im Fernsehen gesehen hast."

Er sah mich an und grinste verächtlich. „Sehr witzig", sagte er. „Du siehst dem Typen überhaupt nicht ähnlich. Ich würde ihn aus Tausenden herauskennen!" Es folgte eine interessante Konversation, und ich bin mir nicht sicher, ob er mir letztendlich wirklich geglaubt hat.

Nach dieser Zeit musste ich ständig darauf gefasst sein, Besuch zu bekommen. Manchmal kamen sie einzeln, manchmal in Gruppen. Ich bewirtete sie mit selbstgebackenem Bananenbrot und sprach mit ihnen über mein neu gefundenes Glück. Ich brauchte mir absolut keine Gedanken zu machen, wie ich jemanden finden sollte, dem ich etwas über Jesus erzählen konnte. Meine Höhle war zu einer Touristenattraktion geworden.

Ich glaube, dass Gott sich etwas dabei gedacht hatte, als er zuließ, dass in dem Fernsehbericht die genaue Lokalisation meiner Höhle angegeben wurde!

KAPITEL 13

Auf der Suche nach einer Kirche

In meinem Herzen wuchs das Bedürfnis, mit anderen Gläubigen Gemeinschaft zu haben. So fing ich an, einige der Kirchen zu besuchen, die es in der Stadt gab. Eine Stelle, zu der ich gern ging, hieß *Das Josuahaus*. Es war weniger eine Kirche als so etwas wie ein christliches Heim. Der Besitzer, Homer, lud die Leute ein, als Besucher zu kommen, oder als Dauergast bei ihm zu wohnen. Er hielt für Obdachlose Gottesdienste ab und bot Klassen an, in denen er ihnen alles über Gott beibrachte. Er hatte auch ein Arbeitsprogramm, in das die Dauergäste eingebunden waren. Wir sangen Lieder, beteten und legten Zeugnis ab. Unter den Gästen gab es einige recht hübsche Mädchen, was mein Interesse an diesem Gottesdienst deutlich steigerte. Aber keine von ihnen war an einem schlampigen Hippie interessiert, der außerdem fast keine Ahnung hatte, was es überhaupt bedeutete, als Christ zu leben. Obwohl ich dort Gemeinschaft mit anderen Christen haben konnte, war dieser Ort tatsächlich mit keiner Kirche zu vergleichen. Homer selbst ging zu einer Pfingstgemeinde und ermutigte uns, auch dorthin zu gehen.

Ich stattete seiner Kirche – und vielen anderen ebenfalls – einen Besuch ab. Einige der Kirchen waren charismatisch und die Gemeindeglieder sprachen in Zungen. Ich besuchte ein Haus mit Namen *Glaubenszentrum*. Ich studierte die Bibel mit Mormonen und Zeugen Jehovas. Ich entdeckte, dass die meisten Kirchen lehrten, dass sie die einzig wahre Kirche waren und dass alle anderen falsch lagen. Ein Pastor sagte: „Wenn du nicht in Zungen sprichst, hast du nicht die Taufe mit dem Heiligen Geist."

Zurück in meiner Höhle in den Bergen studierte ich das Thema ausführlicher und fand heraus, dass das Sprechen in Zungen nur eine von vielen Gaben des Geistes war, wobei der *Heilige Geist* entschied, wer welche Gabe bekommt. Dem einen gab er die eine Gabe, dem anderen eine andere, aber nirgendwo konnte ich finden, dass eine Person in Zungen sprechen musste, um den Heiligen Geist zu haben. Die Frucht des Geistes waren nicht Zungen, sondern Liebe, Freude, Frieden, usw. Ich entdeckte außerdem, dass die Apostel bei der Ausgießung des Heiligen Geistes zu Pfingsten in echten Fremdsprachen geredet hatten, die von den hergereisten Juden, die selbst diese Fremdsprachen beherrschten, verstanden wurden. Es war nicht so, dass sie Gott in irgendeiner „himmlischen„ Sprache lobten, die niemand verstehen konnte.

Angesichts der vielen unterschiedlichen Ansichten unter den Christen fühlte ich mich ziemlich frustriert. Diese Differenzen waren zudem der Anlass, dass sie sich untereinander oft alles andere als christlich verhielten. Ich konnte das nicht verstehen. Sagte die Bibel nicht „eine Hoffnung, ein Glaube, eine Taufe?" Ich war sicher, dass irgendwo da draußen Gottes wahre Gemeinde sein musste, aber welche von den vielen Kirchen war es? Ich ging zurück in meine Berge, studierte die Bibel und betete um Führung.

Eines Nachts stand ich vor meiner Höhle und schaute hinauf zu den Sternen. Auf dem dunklen Himmel funkelten die Sterne wie glitzernde Stecknadeln auf schwarzem Samt, und der Himmel schien so real und ganz nah zu sein. „Wie groß ist doch Gott, dass er all die Sterne im Weltall geschaffen hat und dort kreisen lässt!" Dann dachte ich an all die verschiedenen Kirchen, von denen jede behauptete, sie wäre die wahre Gemeinde. Ich fiel auf meine Knie und betete: „Herr, du hast mich einen langen Weg geführt, und ich weiß, dass ich auch noch einen langen Weg vor mir habe, aber es muss doch irgendwo eine Kirche geben, die nur die Bibel als Grundlage hat und nach ihr lebt. Mir ist egal, welche Kirche es ist. Wenn du mir nur diese Gemeinde zeigst, dann werde ich sie für mich annehmen." Ich verharrte noch eine Weile länger auf meinen Knien. Frieden zog in mein Herz ein, und ich wusste aufs Neue, dass Gott meine Gebete hörte.

Am nächsten Tag kam Glen vorbei. Obwohl er nicht wie ich Christ war, war er doch mein Freund, und ich schüttete ihm mein Herz aus und erzählte ihm von meiner Frustration. „Was soll ich nur machen? Eine Kirche sagt das eine, die andere sagt ganz was anderes, und alle behaupten, sie glauben an die Bibel. Ich habe den größten Teil der Bibel gelesen, aber manches verstehe ich nicht. Ich weiß nicht, welche Gemeinde die richtige ist." Glen sagte nicht sehr viel. Es schien, als ob er irgendwie innerlich mit sich kämpfte.

Einige Tage später lag ich gerade in meiner Hängematte und las, als Glen wieder auftauchte und mir ein Buch reichte.

„Was ist das?" fragte ich und schaute mir etwas zweifelnd den Einband an. Dort waren zwei Hände abgebildet, die eine Weltkugel hielten. Der Buchtitel hieß *Der große Kampf*.

„Lies es", sagte er einfach nur.

„Aber was für ein Buch ist das?" fragte ich wieder.
„Lies es", wiederholte er. Er war kein Mann vieler Worte. „Es wird dir einige Fragen beantworten."
„Okay, okay!" sagte ich.
Nachdem Glen gegangen war, sah ich mir das Buch genauer an. Es hatte 678 Seiten und ich hatte in meinem ganzen Leben noch nie ein Buch gelesen, das auch nur annähernd halb so dick war! Nun ja, ich würde ein paar Seiten lesen, um Glen zufriedenzustellen. Schließlich gab es hier oben nicht viel anderes zu tun.
Ich übersprang die Einleitung und fing direkt bei Kapitel 1 an. Der Schreiber malte ein Bild von Jerusalem, wie es dort zu Jesu Füßen lag. Die Erzählung packte mich sofort. Obwohl ich die ungewohnte Sprache mit meiner unzureichenden Schulbildung als schwierig empfand, arbeitete ich mich vorwärts, verschlang eine Seite nach der anderen.
„Wow!" dachte ich. „Wer immer dieses Buch geschrieben hat, er spricht mit Autorität." Der Text enthielt reichlich Bibelzitate, und die flüssige Erzählung ließ die Geschichte lebendig vor einem erscheinen.
„Wer hat das hier eigentlich geschrieben?" fragte ich mich nach ein oder zwei Stunden. Ich schaute auf den Einband und las den Namen der Autorin: „Ellen G. White."
„Abgesehen von der Bibel ist das hier das Interessanteste, was ich je in meinem Leben gelesen habe", dachte ich. Schließlich schlug ich das Buch zu. Das lange Lesen im Liegen hatte mich schläfrig gemacht. Ich sank in Schlaf, aber die Szenen dessen, was ich gelesen hatte, tauchten in meinen Träumen wieder auf. Als ich erwachte, wollte ich gleich weiterlesen. Tagelang verbrachte ich so meine Nachmittage mit Lesen des Buches.
Als ich Glen das nächste Mal traf, fragte ich ihn: „Wer ist diese Ellen White eigentlich?"
„Nun, einige Leute glauben, dass sie inspiriert ist."
„Den gleichen Eindruck habe ich auch", sagte ich. „Es ist offensichtlich, dass Gott durch sie spricht. Ich würde sie gern eines Tages treffen und mit ihr reden."
„Du kommst ein bisschen zu spät." Glen lächelte schwach. „Sie starb 1915."
„Oh!" Ich war enttäuscht. Aber ich las weiter und die Puzzleteilchen in meinem Kopf fingen an, sich zu einem Ganzen zu formen. Was ich in der Bibel gelesen hatte, bildete ein Gesamtbild und ergab immer mehr Sinn. Mein neues Buch sprach über den Sabbat, darüber, was nach dem Tod geschieht, über den Kampf, der sich zwischen dem Teufel und Christus abspielte, und wie seine Gemeinde während des dunklen Mittelalters hatte leiden müssen.

Gewöhnlich las ich, während ich in meiner Hängematte unter der Platane lag und mich hin und herschaukeln ließ, indem ich mich mit dem Fuß an einem Felsen abstieß. Es war der gemütlichste Platz zum Lesen, den man sich vorstellen konnte. Es gab reichlich Schatten, und vom Canyon her wehte immer eine leichte Brise, auch wenn das Thermometer auf 50° C kletterte. Meistens las ich einen gewissen Abschnitt, dann sprang ich in den Pool, um mir etwas Abkühlung zu verschaffen, machte ein kleines Nickerchen, und las wieder eine Weile. Ich dachte über das Gelesene nach und oft drehten sich auch meine Träume um den Inhalt der Kapitel. Das Buch nahm mein ganzes Denken gefangen und erweiterte mein Gesamtbild von Gott und der Bibel erheblich.

Etliche Male dachte ich, dass ich es nie schaffen würde, solch ein dickes Buch durchzulesen, aber jedes Mal, wenn ich fast aufgeben wollte, schien mich eine Stimme zu drängen: „Mach weiter, du schaffst es." Nach etlichen Wochen hatte ich den letzten Abschnitt erreicht und was ich las, erfüllte mich mit Begeisterung:

Der große Kampf ist beendet. Sünde und Sünder sind nicht mehr. Das ganze Weltall ist rein. Eintracht und Freude herrschen in der ganzen unermesslichen Schöpfung. Von dem, der alles erschuf, fließt Leben, Licht und Freude über alle Gebiete des grenzenlosen Raumes. Vom kleinsten Atom bis zum größten Weltenkörper erklärt alle lebende und unbelebte Natur in ungetrübter Schönheit und vollkommener Freude: Gott ist die Liebe. (Ellen G. White, Der große Kampf, S. 677)

„Wow!" rief ich aus und sprang auf meine Füße. Ich freute mich, dass ich es geschafft hatte, dieses dicke Buch durchzulesen. Aber noch mehr freute ich mich über den letztendlichen Triumph Gottes über Satan und die Sünde. Es war so überwältigend, ich hatte Mühe, es alles wirklich zu begreifen.

Ich wanderte den Canyon hinauf und gab Glen das Buch zurück. „Hast du noch mehr Bücher von dieser Sorte?" fragte ich ihn.

„Klar, ich habe ganz viele!" sagte er. Er war in einem christlichen Elternhaus aufgewachsen, und seine Eltern hörten nicht auf, ihm christliche Literatur zu schicken in der Hoffnung, sein Interesse für den Glauben würde wieder angefacht werden. In den folgenden Monaten las ich *Das Leben Jesu, Der Weg zu Christus, Patriarchen und Propheten,* und *Daniel und die Offenbarung*. Ich schwelgte regelrecht in diesen inspirierenden Büchern und der Bibel.

Eine Angelegenheit allerdings machte mir Kopfzerbrechen, und das war die Sache mit diesem Siebenten-Tags-Sabbat. Nachdem ich die Bibel und alle diese Bücher gelesen hatte, gab es nur wenig Zweifel in meinem Kopf, dass Sonnabend der Sabbat war, aber ich *wollte* das einfach nicht akzeptieren. Ich fand, dass ich mich schon genug von normalen Menschen unterschied. Ich wollte die Sache nicht noch verschlimmern, indem ich den Sonnabend hielt, wo alle anderen den Sonntag hielten. Außerdem gab es keine christliche Kirche, die am Sonnabend Gottesdienst hatte. Ich beschloss, dass ich mich irgendwie um diese Sache herummogeln würde. Mit Sicherheit hatten meine sonntagsfeiernden christlichen Freunde gute Gründe für ihren Glauben. Ich entschloss mich, zehn verschiedene Pastoren nach ihrer Meinung zu fragen, aber als ich es tat, bekam ich elf verschiedene Antworten.

Ein Pastor sagte: „Das Gesetz ist abgeschafft worden. Wir brauchen den Sabbat nicht mehr zu halten."

„Oh", sagte ich. „Heißt das, dass wir die Zehn Gebote nicht mehr zu halten brauchen?"

„So ist das auch wieder nicht. Wir halten die anderen neun", musste er zugeben.

„Wollen Sie damit sagen, dass das eine Gebot, das wir vergessen sollen, ausgerechnet das ist, von dem Gott gesagt hat, dass wir seiner *gedenken* sollen? Das leuchtet mir nicht ein!"

Ein anderer Pastor sagte: „Wir gehen am Sonntag zum Gottesdienst, weil das der Tag ist, an dem Jesus auferstanden ist. Das ist der neue Sabbat."

„Das klingt gut. Aber ich muss wissen, wo ich die Bibelstelle für dieses neue Gebot finden kann, das uns sagt, dass wir den ersten Tag der Woche halten sollen", erwiderte ich. „Wenn Sie mir das in der Bibel zeigen können, werde ich mit Freuden ein Glied Ihrer Gemeinde werden."

„Nun ja, äh, wir, äh, ich will es mal so sagen", druckste er herum und man sah, dass er sich unbehaglich fühlte. „Wir haben genau genommen kein Gebot. Wir haben nur die Tradition." Aber Tradition war für mich kein Argument. Tradition wollte ich nicht. Jesus sagte: „Ihr verlasset Gottes Gebot, um eure menschlichen Traditionen zu halten." (Markus 7,8). Ich wollte biblische Autorität für so eine Veränderung.

Der nächste Pastor war der einfallsreichste von allen. Er erklärte es so: „In den Tagen Josuas, als die Sonne still gestanden hatte, und in den Tagen Hiskias, als Gott den Schatten an der Sonnenuhr um zehn Striche zurückgehen ließ, haben wir einen Tag verloren, und so wurde aus Sabbat der Sonntag."

„Ach so, ich verstehe. Wollen Sie damit sagen, dass, als Jesus hier auf dieser Erde war, er nicht wirklich den siebenten Tag gehalten hat, sondern den ersten Tag?" fragte ich.

Der Prediger sah mich verwirrt an. „Nun, das kann ich nicht genau sagen", gab er zu.

Ich ging zurück und las noch einmal die Geschichte über die Schöpfung. Plötzlich bemerkte ich etwas, das mir vorher noch nie bewusst geworden war.

Das brachte mir in dieser strittigen Angelegenheit die endgültige Antwort. Gott hatte den siebenten Tag gesegnet, bevor die Sünde überhaupt in diese Welt gekommen war. Das bedeutete, dass der Sabbat vollkommen war, ebenso vollkommen wie die Welt, die Gott am Anfang geschaffen hatte. Warum sollte Gott etwas ändern, das vollkommen war?

Außerdem hatte Gott die Zehn Gebote mit seinem eigenen Finger in Stein geschrieben. Man schrieb nicht etwas in Stein, das man später wieder ändern oder abschaffen wollte! Ich kam zu dem Entschluss, dass ein Christ kein Nachfolger von anderen Christen ist, sondern ein Nachfolger Christi. Jesus hatte jeden siebenten Tag der Woche gehalten und den ersten Tag der Woche nicht einmal erwähnt, also würde ich einfach Jesus folgen.

Aber ich machte mir immer noch Gedanken. Wo sollte ich Menschen finden, die *jedes* der zehn Gebote ernst nahmen und befolgten?

Ich ging zu Glen und sah ihm direkt in die Augen. „Sag mir, gibt es hier irgendwo eine Kirche, wo Leute alle diese Dinge auch glauben?" fragte ich.

„Oh ja! Sie sind überall", antwortete er.

„Tatsächlich? Wie heißt die Kirche?"

„*Gemeinde der Siebenten-Tags-Adventisten*", sagte er.

„Gemeinde der Siebenten-Tags-*Was*? Ich habe noch nie etwas von ihnen gehört. Siebenter Tag, das ist mir einleuchtend, aber was heißt Adventist?" fragte ich verwirrt.

„Das Wort *Advent* heißt eigentlich die Ankunft oder das Kommen von irgendetwas. Adventisten sind Menschen, die auf das zweite Kommen Christi warten."

Bei mir selbst dachte ich: „Ich muss ein Adventist sein. Ich glaube an das zweite Kommen Christi." Laut sagte ich: „Wie kommt es, dass du so viel über diese Sachen weißt?"

Glen schien etwas peinlich berührt zu sein. „Ich bin mit der Bibel und diesen Büchern groß geworden, und ich bin schon als Kind zu dieser Kirche gegangen."

„Soll das heißen, du weißt alle diese Sachen, aber sie bedeuten dir nichts?" fragte ich voller Erstaunen. „Das ist unglaublich!" Ich dachte an die vielen Male, wo wir zusammen Marihuana geraucht und getrunken hatten. Ich konnte nicht verstehen, wie jemand alles über Gott und seine wundervolle Liebe und sein Opfer für die Menschen wusste, und doch alles das zu ignorieren schien.

„Komm, wir gehen diesen Sonnabend zum Gottesdienst!" schlug ich voller Begeisterung vor. Ich musste diese wundervollen Menschen einfach kennenlernen.

„Also, ich weiß nicht, Doug. Ich glaube, dass ich dafür noch nicht bereit bin. Geh du nur zu und tu, was du willst. Du kannst mir ja hinterher davon erzählen."

Glen schien meinen Enthusiasmus nicht zu teilen, und er wusste natürlich, was auf mich zukam. Im Geiste stellte ich mir eine malerische, kleine weiße Kapelle vor mit einem Kreuz auf dem Türmchen. Die Leute würden natürlich Heilige sein, so heilig, dass ihre Füße förmlich über den Boden schwebten. Sie würden alle ihre Bibeln unter dem Arm tragen, strahlend lächeln und fröhlich singen.

An diesem Sabbat stand ich sehr früh auf, zog meine schmutzige Latzhose und meine Wanderstiefel ohne Socken an. Ich kämmte meine schulterlangen Haare und ließ sie offen hängen, ohne mir wie sonst einen Pferdeschwanz zu machen. Ich rasierte mich auch nicht. Ich glättete lediglich etwas meinen störrischen kleinen Bart, der nur auf meinem Kinn sprießte. Mit der Bibel in der Hand machte ich mich mit großen Erwartungen auf den Weg.

Ich fand die Straße und suchte die Hausnummer, die Glen mir gegeben hatte. Aber anstelle der kleinen, ländlichen Kirche fand ich ein eindrucksvolles, fast protziges, modernes, großes Gebäude in einer wohlhabenden Wohngegend vor. Auf dem Parkplatz standen überwiegend Luxusschlitten. Ich eilte nach drinnen. Der rote Teppich sah feudal aus und fühlte sich dick und plüschig weich an. Alle Männer hatten elegante Anzüge an und die Frauen trugen teuer aussehende Kleider und aufwändige Frisuren. Ich hatte nie etwas darüber gelesen, wie Christen sich anziehen sollten, und fühlte mich plötzlich völlig fehl am Platz. Die Köpfe drehten sich in meine Richtung und ich bin mir sicher, sie dachten, ich wäre irgendwie an der falschen Adresse gelandet. Ein Mann schüttelte mir an der Tür die Hand und sagte: „Wir freuen uns, dass Sie da sind!" Aber es schien mir doch eher geschauspielert zu sein. Ich war mit dem Showgeschäft aufgewachsen und es war für mich nicht schwer zu erkennen, wann jemand schauspielerte. Aber allen Dingen zum Trotz ging ich hinein und wurde zu einem Platz im hinteren Teil der Gemeinde dirigiert.

Ein interessantes Programm lief gerade ab und der Missionsbericht gefiel mir. Als der Teil dran war, wo die Sabbatschullektion durchgesprochen wird, wanderte ich mit den anderen über den Flur in einen Raum, wo die Stühle in einem großen Kreis angeordnet waren. Keiner sprach mit mir, obwohl einige da waren, die mir ein echtes Lächeln schenkten. Ich setzte mich auf einen Stuhl und auch alle anderen setzten sich, und obwohl der Raum sonst ganz voll war, blieben die beiden Stühle rechts und links von mir frei.

Nach einigen Worten der Begrüßung an die Klasse, öffnete der Lehrer seine Bibel und sein Lektionsheft. „Das heutige Thema befasst sich mit der Prophetie über die 490-Tage-Periode aus Daniel 9", begann er.

„Großartig!" dachte ich. Ich hatte gerade etwas über dieses Thema in einem Buch von Uriah Smith gelesen – *Daniel und die Offenbarung*! Nach einigen

Vorbemerkungen stellte er eine Frage: „In welchem Jahr beginnt die 490-Tage-Periode in dieser Prophezeiung?"

Plötzlich hatte ich das Gefühl, wirklich am richtigen Ort zu sein. Ich wusste, wovon der Lehrer redete! Ich platzte fast, ich hätte die Antwort am liebsten laut hinausposaunt, aber ich dachte, es wäre vielleicht nicht schicklich für einen Besucher, hier etwas zu sagen. Ich schaute auf die distinguiert aussehenden Leute im Kreis. Der Lehrer wartete, aber keiner sagte etwas. Sie sahen bloß auf den Boden, oder auf die Tür oder auf die Wand, aber keiner antwortete. Ich konnte es nicht länger aushalten und hob meine Hand.

„Ja?" sagte der Lehrer und zog seine Augenbrauen hoch.

„457 vor Christus", sagte ich mit belegter Stimme. Ich war schon ewig nicht mehr in einer Gruppe mit so vielen Menschen gewesen.

„Das ist korrekt!" erwiderte der Lehrer mit einiger Überraschung. „Und in welchem Jahr endete diese Periode?" fragte er einige Minuten später.

Dieses Mal sah die ganze Runde den Hippie an. Es schien offensichtlich, dass sie alle warteten, dass ich etwas sagen sollte, also öffnete ich meinen Mund: „34 nach Christus."

„Das ist ebenfalls richtig." Dieses Mal schien der Lehrer nicht mehr ganz so überrascht zu sein, aber ich konnte nicht begreifen, warum niemand sonst die Antwort zu wissen schien. War das hier nicht *ihre* Kirche und *ihre* Religion? Vielleicht waren sie einfach nur höflich und zurückhaltend, oder vielleicht waren sie alle fremde Besucher, so wie ich.

Ich fühlte mich an jenem ersten Sabbat ein wenig enttäuscht, hauptsächlich, weil ich Wärme und herzliche Gemeinschaft vermisste. Die anderen Kirchen waren so freundlich gewesen, hatten sogar um meine Gunst gebuhlt. Ich konnte nicht umhin, mich zu fragen, ob die Leute in dieser Adventistengemeinde sich genauso verhalten hätten, wenn sie gewusst hätten, dass mein Vater ein Multimillionär war. Vielleicht hatte ich einfach zu viel erwartet.

Ich besuchte die Gemeinde noch ein paar Mal, aber irgendwie schien ich nie so richtig dort hineinzupassen. Also hielt ich den Sabbat am Samstag für mich selbst, so gut ich es eben wusste, und ging am Sonntag in eine Kirche, um mit anderen Gläubigen Gemeinschaft zu haben.

Ich erzählte weiterhin jedem, der an meiner Höhle vorbeikam, über meinen neu gefundenen Glauben, und manchmal war ein richtiger Menschenauflauf da. Glen sprang über seinen eigenen Schatten und zeigte sich echt beeindruckt. „Ich weiß nicht, ob ich dir das sagen sollte, Doug", sagte er eines Tages. „Aber wenn du anderen über Gott erzählst, dann fängt dein Gesicht richtig an zu leuchten."

Mein Glaube nahm jeden Tag zu. Je mehr ich aus dem Glauben lebte, desto stärker wurde er. Oft sprach ich mit einem Freund, der auch Doug hieß. Er spielte Gitarre und ich spielte Flöte, und häufig setzten wir uns zusammen auf die Straße und bettelten um Geld. Meine neue Erfahrung als Christ war so aufregend, ich konnte einfach nicht meinen Mund halten und es für mich behalten. Eines Tages waren wir in der Stadt und spielten unsere Musik, um an etwas Geld zu kommen, aber niemand war stehengeblieben und keiner hatte uns auch nur einen Cent gegeben. Also fingen wir an, uns zu unterhalten. Bald waren wir wieder beim Thema Religion angelangt.

„Also, ich glaube an Gott", sagte Doug, „aber ich glaube nicht an Jesus."

„Ich kann dir beweisen, dass es Jesus gibt", sagte ich zuversichtlich.

„Und wie willst du das machen?" fragte er skeptisch.

„Wie viel Geld brauchen wir im Moment?" fragte ich.

„Nun, es wäre schön, wenn wir jeder zwei Dollar hätten, dann könnten wir uns etwas zu Essen kaufen", sagte er.

„Also gut", sagte ich. „Ich werde jetzt zu Jesus beten und dann werden wir vier Dollar bekommen." Ich neigte meinen Kopf und sagte: „Herr, hilf uns, dass wir vier Dollar bekommen, damit wir uns eine vernünftige Mahlzeit kaufen können, und hilf Doug, zu erkennen, dass es dich wirklich gibt. Das bitte ich im Namen Jesu, Amen."

Wir begannen wieder zu spielen und bald kam eine Dame vorbei und blieb stehen, um zuzuhören. Als wir unser Stück zu Ende gespielt hatten, fragte ich sie, ob sie etwas Kleingeld erübrigen könnte.

„Nun", sie dachte einen Augenblick nach, „normalerweise tue ich so etwas nicht, aber heute ist der Geburtstag meines Sohnes und er ist ungefähr in eurem Alter." Sie wühlte in ihrer Handtasche und zog einige Geldscheine heraus. „Wären vier Dollar eine Hilfe für euch?" fragte sie. Ich versicherte ihr, dass das genau richtig wäre. Als sie weiterging, muss sie sich wahrscheinlich verwundert gefragt haben, warum mein Freund sie in blankem Entsetzen mit offenem Mund angestarrt hatte.

Es dauerte nicht lange, und auch er nahm Jesus Christus als seinen Erlöser an.

KAPITEL 14

Später Erfolg

Als ich Karyn das erste Mal traf, waren wir beide erst fünfzehn. Sie hatte mit einer Gruppe anderer Mädchen gerade eine Party verlassen und sie standen alle an einer Straßenecke, lachten, redeten laut und benahmen sich ziemlich albern. Ich dachte: „Was für ein Haufen alberner Gänse. Süß, aber dumm."

Sie war an meiner Ausführung Mensch ebenso wenig interessiert. Sie ging lieber mit älteren Jungen aus, die schon Autos hatten.

Ich sah sie danach ab und zu in der Stadt und wusste, wer sie war, aber es gab zu viele andere Dinge, die mir in meinem Leben wichtig waren. Ungefähr zwei Jahre später allerdings, als ich gerade angefangen hatte, meine Bibel zu lesen, kreuzten sich unsere Wege wieder. Mein Freund Rico und ich waren in der Billardbar, um ein bisschen herumzublödeln und Billard zu spielen, da sah ich Karyn mit einem anderen Mädchen an einem Tisch auf der anderen Seite des Raumes. Es stellte sich heraus, dass das andere Mädchen Ricos Freundin war, also machten sie Karyn und mich miteinander bekannt. Rico und sein Mädchen gingen dann zusammen zur Bar und ließen uns beide allein zurück. Es war irgendwie eine blöde Situation, wir fühlten uns etwas unbehaglich und unbeholfen. Keiner von uns beiden war auf diese Situation gefasst oder hatte sie gewollt.

„Möchtest du etwas Billard spielen?" fragte ich.

„Nein, eigentlich nicht", sagte sie.

„Okay, dann lass uns irgendwo anders hingehen", schlug ich vor. Ich hielt ihr die Tür auf, und wir gingen nach draußen. Wir schlenderten die Straße entlang und unterhielten uns. Als wir an ein Geschäft mit Alkoholika kamen, ging ich entgegen besseren Wissens hinein und kaufte eine Flasche Wein. „Komm, wir gehen in den Park und suchen uns ein schattiges Plätzchen zum Hinsetzen", sagte ich. „Ich habe uns eine kleine Erfrischung gekauft."

„Nein danke, Doug, ich trinke nicht mehr", antwortete sie.

„Wie meinst du das, du trinkst nicht mehr?" fragte ich ungläubig. „Jedermann trinkt." Aber sie ließ sich nicht beirren.

„Und wahrscheinlich liest du auch in der Bibel", sagte ich, halb sarkastisch.

Sie hielt an und sah mich überrascht an. „Es stimmt sogar, ich lese in der Bibel. Woher wusstest du das?"

„Weiß ich nicht. Ich habe wahrscheinlich nur eins und eins zusammengezählt. Das ist wirklich lustig", fuhr ich fort, „ich habe auch angefangen, in der Bibel zu lesen." In kürzester Zeit waren wir in ein Gespräch vertieft. Lange Zeit liefen wir durch den lauen Wüstenabend und redeten und redeten, über die Bibel und über Religion. Je länger wir redeten, desto mehr Themen entdeckten wir, über die wir reden wollten.

Seit diesem Abend trafen wir uns häufig und nach nur wenigen Wochen waren wir verheiratet. Wir suchten uns eine Wohnung in der Stadt, aber das Stadtleben gefiel uns nicht. Also verstauten wir eines Tages unsere Siebensachen in unsere Rucksäcke und trampten nach Norden, der kalifornischen Küste entlang. Wir hatten keine genauen Vorstellungen, wohin wir eigentlich wollten, also nahmen wir uns Zeit. Manchmal schliefen wir neben einer Auffahrt zur Schnellstraße ein und wurden am nächsten Morgen um 5.00 Uhr unsanft durch die Sprinkleranlage aufgeweckt. Bei einer anderen Gelegenheit wanderten wir abseits der Straße in der Nähe von Big Sur in Kalifornien und legten uns irgendwo in den Wäldern zum Schlafen. Als wir aufwachten, erblickten wir über uns einen Parkwächter. „Ich habe nichts dagegen, wenn ihr hier übernachtet", sagte er, „aber vielleicht interessiert es euch, dass ihr in einer Gifteiche liegt." [Ein giftiger Busch mit eichenförmigen Blättern, der sehr stark und unangenehm brennende Hautausschläge verursacht]. Der Rest der Woche war für uns alles andere als angenehm, wie man sich vielleicht vorstellen kann!

In Ukiah, Kalifornien, wurden wir von einem jungen Ehepaar mitgenommen. „In welche Richtung wollt ihr?" fragte der Fahrer.

„Wir haben keine genauen Vorstellungen", sagte ich. „Wir beten, dass Gott uns den richtigen Weg zeigt. Wohin fahren Sie denn?"

Ein wenig überrascht sagte der Fahrer: „Ach, da wo wir wohnen, da wollt ihr sicherlich nicht hin. Es ist irgendwo am Rande der Welt – eine kleine Stadt mit Namen Covelo. Sie liegt mitten in einem Nationalforst."

„Hmmmm. Gibt es dort oben auch irgendwelche Höhlen?"

„Ich denke schon", sagte der junge Mann.

„Gibt es dort auch irgendwelche Kirchen?" fragte Karyn.

„Das ist das einzige, was es dort gibt", antwortete seine Frau. „Es gibt noch nicht einmal ein Kino in der Stadt."

Irgendwie hatten Karyn und ich den Eindruck, Covelo sei der Ort, zu dem wir fahren sollten. Als wir ankamen, verliebten wir uns sofort in die Schönheit der pinienbedeckten Berge. Wir lebten eine ganze Zeit in einer Höhle in dem Nationalforst und sahen uns nach einem Stückchen Land um. Bald fanden wir ein Stück Erde, das uns beiden sehr gut gefiel. Das einzige Problem war natürlich Geld. Außer saisonabhängigen Jobs war keine Arbeit für mich zu finden. Am Ende des Sommers sahen wir uns gezwungen, nach Palm Springs zurückzukehren, damit ich Geld verdienen und für meine Familie sorgen konnte, denn wir erwarteten Zuwachs. Schon bald sollten wir Eltern werden.

Ich versuchte es eine Zeit lang mit Gelegenheitsarbeiten, aber es war keine wirklich gute Arbeit zu finden. Schließlich fand ich Arbeit bei einer Firma, die Fleisch verkaufte und auslieferte. Ich durchschaute die geschäftlichen Beziehungen sehr schnell und fragte mich, wieso ich in Abhängigkeit arbeiten sollte, wenn ich genauso gut den Zwischenhändler ausschalten und selber Profit machen konnte.

Dad half mir, einen Gebrauchtwagen zu kaufen, einen hübschen, kleinen VW Käfer. Ich hatte noch nie ein Auto besessen und wusste so gut wie gar nichts über Pflege und Wartung. Ich dachte, das Öl kippt man in den Radiator, aber der VW *hatte* gar keinen Radiator! Ich lernte schnell.

An der Seite des Wagens hatte ich meine Werbung angebracht: *Doug Batchelors Großhandel für 1A Rindersteaks*. Nachdem ich Visitenkarten gedruckt und einige Geschäftskontakte hergestellt hatte, baute ich hinten in den VW ein Kühlgerät ein. Ich kaufte Rindfleisch am Stück und ein Freund zeigte mir, wie man Steaks herausschnitt. Das Geschäft lief von Anfang an gut, und in kurzer Zeit verwandelte sich mein Steak-Großhandel in ein blühendes Unternehmen.

Ich lernte einige interessante Dinge während dieser kurzen Zeit als Fleischunternehmer. Eines Tages fragte mich eine Kundin, ob ich für sie Schweinefleisch der Klasse 1A besorgen könnte. Mir waren die vier amerikanischen Qualitätsklassen für Rindfleisch bekannt: 1A (prime), 1B (choice), gut (good) und zufriedenstellend (fair). Ich hatte auch schon gesehen, dass Hühnerfleisch in verschiedene Qualitätsklassen eingeteilt wurde. Aber über Schweinefleisch wusste ich nichts, da musste ich mich erst erkundigen.

Ich ging zu einem befreundeten Metzger. Als ich meine Frage stellte, musste er lachen. „Das Department für Landwirtschaft in unserer Regierung ist der Meinung, dass man dieses Zeug nicht an Hunde verfüttern sollte. Es wird nicht in Qualitätsklassen eingeteilt. Dieses Zeug wimmelt nur so von kleinen 'Viechern'. Das Department gibt sogar Merkblätter mit Warnhinweisen für Verbraucher heraus. Darin steht, dass Schweinefleisch immer gründlich durchgegart werden muss, damit alle Trichinenlarven abgetötet werden."

„Igitt!" ekelte ich mich. Dann fiel mir plötzlich ein, dass ich in der Bibel etwas über Schweinefleisch gelesen hatte. Einige Pastoren hatten mir erzählt, dass diese Gesetze für uns keine Gültigkeit mehr hätten, aber irgendwie war das nicht logisch. Reagierte der Körper des Menschen nicht heute noch genauso auf die Nahrung, mit der man ihn fütterte, wie während der Zeit der Kinder Israel? War Schweinefleisch nicht immer noch ein Nährboden für Krankheitskeime und Parasiten?

Ich lernte noch etwas anderes, dadurch dass ich es am eigenen Leib erfuhr. Da ich erstklassiges Rindfleisch verkaufte, war es für mich nur naheliegend, dass ich meine eigenen Produkte selbst verspeiste. Bald aß ich New Yorker Steak zum Frühstück, T-bone Steak zum Mittag und Filetsteak Mignon zum Abendessen. Dann fiel mir plötzlich auf, dass ich mich immer schlapp fühlte, ich hatte einfach keine Energie. Auch mein Verhalten begann sich zu ändern. Abends hing ich vor dem Fernseher und schaufelte einen ganzen Liter Eiskrem in mich hinein – wohlbemerkt ganz allein! Ich hatte das Gefühl, dass mein geistliches Leben irgendwie gelähmt war und ich hatte weniger Neigung, Versuchungen zu widerstehen. Mit meiner Ernährung als Höhlenmensch, die aus Reis, Bohnen, Brot und Früchten bestanden hatte, hatte ich mich körperlich stark gefühlt, war voller Tatkraft und Schwung gewesen. Das erste Mal in meinem Leben erfuhr ich, welchen enormen Einfluss die Ernährung auf mein körperliches, geistliches und moralisches Wohlbefinden hatte. Ich verdiente wirklich viel Geld in diesem Fleischgeschäft, aber irgendwie gelang es Karyn und mir nie, etwas auf die hohe Kante zu legen. Je mehr wir verdienten, desto mehr gaben wir aus.

„Wollen wir es nicht noch einmal mit Covelo versuchen?" sagte ich eines Tages. „Ich glaube, dass die Voraussetzungen dieses Mal besser sind und dass wir es schaffen können." Wir tauschten unseren VW gegen einen alten, kaputten Pickup ein. Nachdem wir ihm auf einer Strecke von 1000 Kilometern gut zugeredet hatten, erreichten wir glücklich Covelo. Nach kurzer Zeit hatten wir ein 65 Hektar großes, wunderschönes Stück Land gefunden, das noch nicht erschlossen war und das wir unter für uns tragbaren finanziellen Bedingungen erwerben konnten. Wir bauten uns aus Resten von Bauholz selbst ein Häuschen auf unserem Besitz und lebten während der Bauzeit in einem Zelt. Es war wahrlich keine Villa, aber es war unser eigenes; wir liebten es und fühlten uns sehr wohl! Ich begann, mir ein kleines Unternehmen mit Feuerholz aufzubauen.

Wir fingen an, die presbyterianische Kirche zu besuchen, aber irgendwie konnte ich den Sabbat und andere Dinge, die ich gelernt hatte, nicht aus meinem

Kopf verdrängen. Direkt gegenüber den Presbyterianern gab es eine Gemeinde der Siebenten-Tags-Adventisten, und ich fragte mich, ob diese Gemeinde vielleicht offener und freundlicher war als die, die ich in Palm Springs kennengelernt hatte. Ich hatte mich mit einem jungen Mann namens Duane angefreundet, der auch etwas für Kirche und Religion übrig hatte, und so beschlossen wir beide eines Sonnabends, dass wir der Adventgemeinde einen Besuch abstatten wollten. Karyn wollte mit unserem neugeborenen Töchterchen Rachael zu Hause bleiben.

Meine Gefühle an diesem Morgen waren ziemlich gemischt. Einerseits erfüllte mich freudige Erwartung, andererseits auch deutliche Angst. „Was, wenn sie uns nicht freundlich begegnen? Was, wenn ihnen mein Äußeres nicht gefällt? Nun, ist auch egal. Heute ist Sabbat und ich habe das gleiche Recht, dort zu sein, wie alle anderen!" Ich weiß nicht, was mich an dem Morgen geritten hat, jedenfalls kramte ich meine uralte Latzhose heraus und suchte mir dazu ein Hemd aus, bei dem man sich fragte, woher ich es hatte. Nachdem ich die Klamotten angezogen hatte, band ich mein Haar zu einem Pferdeschwanz.

Ich schwang mich auf mein Motorrad und dröhnte los, um Duane abzuholen. Zu der Zeit galt es als „cool", total abgewetzte, alte Jeans zu tragen und Duane sah wirklich „cool" aus an dem Morgen! Eine Gesäßtasche seiner Jeans war völlig abgerissen und die darunter sichtbare blanke Haut offenbarte die Tatsache, dass er noch nicht einmal eine Unterhose trug! Ich schämte mich fast ein wenig für sein Aussehen, aber ich sagte nichts.

An der Tür erwartete uns ein lächelnder Herr und schüttelte uns kräftig die Hand. Man spürte seine Wärme, als er uns herzlich willkommen hieß und uns einlud, doch hereinzukommen. Eine reizende, kleine alte Dame schüttelte uns liebevoll die Hand und lud uns ein, uns ins Gästebuch einzutragen. Wir gingen in den Saal und setzten uns. Es hatte noch nicht angefangen und wir beobachteten die Leute, wie sie in die Kapelle strömten. Viel graues Haar und kahle Köpfe waren an diesem Morgen zu sehen. Ein Ehepaar kam herein und steuerte auf die Sitzreihe vor uns zu, aber bevor sie sich setzten, drehten sie sich zu uns um, stellten sich vor und schüttelten uns die Hand.

Die Predigt an diesem Vormittag wirkte sehr spontan und schien dem alten Prediger direkt aus dem Herzen zu kommen. Er strahlte eine Wärme und Aufrichtigkeit aus, die mich berührten. Ich trank die Worte des Lebens in mich hinein wie ein Durstender in der Wüste. Nach Ende des Gottesdienstes drängten sich alle um uns, hießen uns willkommen und luden uns zum Mittagessen zu sich nach Hause ein. Keiner schien unsere Kleidung auch nur zu beachten und inzwischen schämte ich mich ein wenig. Duane und ich fühlten uns so überwältigt durch all die Einladungen und die Aufmerksamkeit, dass wir kaum wussten, was wir tun sollten. Schließlich entschieden wir uns, das Angebot des alten Predigers, Joe Phillips, und seiner Frau anzunehmen und zusammen fuhren wir in ihr Heim. Ich bin mir sicher, dass all diese freundlichen Menschen nicht im Traum daran dachten, dass dieser Hippie eines Tages ihr Pastor sein würde!

Wir setzten uns an einen Mittagstisch, der mit vollwertigen, einfach zubereiteten Speisen überreichlich gedeckt war. Es gab einen vegetarischen Braten, Kartoffeln, zwei oder drei Sorten Gemüse, selbstgebackenes Vollkornbrot, einen gemischten Salat und Apfelkuchen! „Langt zu", lud uns Pastor Joe ein. „Meine Frau ist die beste Köchin der Stadt und sie wäre beleidigt, wenn ihr nicht esst!" Duane und ich sorgten dafür, dass sie keinen Grund zum Beleidigtsein hatte an diesem Tag! Wir leerten so ziemlich jede Schüssel auf dem Tisch. Unsere Gastgeber staunten nicht schlecht und freuten sich aufrichtig.

Nach dem Mittagessen sagte Pastor Joe: „Wie wäre es, wenn wir alle ins Wohnzimmer gehen und eine kleine Bibelstunde haben?" Ich fand die Idee sehr gut und bald hatte ich meine aufgeschlagene Bibel vor mir und war mit Pastor Phillips und seiner Frau in ein Gespräch über die Heilige Schrift vertieft. Duane schlief in seinem Sessel ein.

Am nächsten Sabbat kam Karyn mit mir zum Gottesdienst und von da an gingen wir jeden Sabbat in diese Gemeinde. Nach dem Gottesdienst wurden wir jedes Mal von dem freundlichen Predigerehepaar zum Essen eingeladen und am Nachmittag studierten wir immer die Bibel. Aber jedes Mal, wenn der Pastor ein neues Thema anschnitt, entdeckte ich sehr schnell, dass es etwas war, was ich schon durch mein eigenes Studium herausgefunden hatte. Als wir Daniel und die Offenbarung studierten, waren mir die ganzen Viecher und Hörner schon vertraut und ich kannte alle Zahlen. Eines Tages sagte Pastor Joe: „Doug, du bist schon fast so weit, dass du getauft werden kannst."

„Was meinst du mit fast? Ich *bin* so weit", sagte ich. „Ich glaube an alles, was diese Gemeinde lehrt."

Er zögerte. „Wie steht es mit dem Rauchen, Doug? Bist du bereit, das aufzugeben?"

Jetzt war die Reihe an mir zu zögern. „Nun ja, ich weiß nicht. Ich kann nicht erkennen, was das mit meiner Liebe zu Gott zu tun hat. Ich habe alle meine wirklich *schlimmen* Laster aufgegeben; ich rauche kein Marihuana mehr, ich trinke nicht, ich nehme keine Drogen, ich stehle nicht, ich lüge nicht. Aber Rauchen ist doch nicht so schlimm. Ich rauche ohnehin nur ein halbes Päckchen pro Tag, weißt du. Im Übrigen weiß ich, dass Gott mich liebt und meine Gebete erhört."

„Das stimmt, Doug. Gott liebt dich in der Tat", sagte Pastor Joe geduldig. „Und er führt dich weiter Schritt für Schritt und bringt dir neue Erkenntnisse.

Aber solange du nikotinsüchtig bist, hat dich der Teufel an der Kette. Kannst du dir vorstellen, wie Jesus jemandem Zigarettenrauch ins Gesicht bläst, während er mit ihm über die Liebe seines Vaters spricht?"

Ich wusste, dass Jesus unser Vorbild war, und die Vorstellung, dass er mit einer Zigarette im Mund da stehen würde, schien so lächerlich, dass ich loslachen musste.

„Sieh mal", fuhr der Pastor fort, „wenn du getauft wirst, dann ist das ein Bild für eine Neugeburt, und der Herr möchte nicht, dass seine gerade geborenen Kinder rauchen. Würdest du das bei deinen Kindern wollen, Doug?"

„Nun, wenn du es so darstellst, natürlich nicht", musste ich zugeben.

Ich musste darüber nachdenken, welch ein Kampf es für mich gewesen war, das Trinken aufzugeben. Ich hatte Gott vorgehalten: „Aber Herr, ich liebe Alkohol; Trinken macht mir Spaß und ich genieße es."

Und der Herr sagte: „Nun gut, Doug, geh los und trink." Ich meine damit nicht, dass dem Herrn mein Trinken gefallen hätte. Er wollte mir nur sagen, dass er mich nicht zwingen würde aufzuhören. Stückchen für Stückchen begann ich zu erkennen, wie viel Herzeleid und Probleme mein Trinken verursachte. Manchmal war ich im Gefängnis wieder zu mir gekommen oder ich hatte mich den ganzen Tag hundeelend gefühlt oder mich übergeben. Oder ich kam zu mir und entdeckte, dass ich mich wie ein Idiot benommen hatte und jemanden, der mir sehr am Herzen lag, in eine peinliche Situation gebracht oder ihn verletzt hatte. Einmal musste ich feststellen, dass ich ein Auto zu Schrott gefahren hatte, das mir nicht einmal gehörte. Ich hörte Gott sagen: „Doug, hast du Spaß? Genießt du es?" Endlich dämmerte es mir, dass Gott nichts mehr erwartet, als dass Christen Dinge aufgeben, die ihnen selbst schaden, entweder in physischer oder geistlicher Hinsicht. Als ich endlich dahinter gekommen war, gab ich das Trinken auf. Aber gleichzeitig wusste ich sofort, dass Rauchen eine härtere Nuss sein würde.

Karyn gewöhnte sich das Rauchen relativ leicht ab. Der Arzt erklärte ihr, dass unser Baby als Frühgeborenes auf die Welt gekommen war, weil sie rauchte. „Rauchen schadet nicht nur Ihnen", sagte er, „es schadet auch Ihrem Baby."

Als Karyn eines Tages das Zimmer betrat, fiel ihr Blick auf die Zigarette, die sie brennend auf dem Rand des Aschenbechers liegen gelassen hatte. Der Rauch kräuselte sich in die Luft und wehte direkt in die Richtung, wo unsere kleine Rachael lag und schlief. „Was mache ich nur!" rief Karyn aus. „Schlimm genug, dass ich meine eigene Lunge zerstöre. Wie kann ich auch noch die Lunge meines Babys kaputtmachen?" Als ich an diesem Tag nach Hause kam, sagte sie: „Doug, ich will ausprobieren, wie lange ich es schaffe, ohne Zigaretten auszukommen." Und damit hatte sich's. Sie rauchte nie wieder.

Karyn wurde ohne mich getauft.

Für manche Menschen ist es leicht, mit dem Rauchen aufzuhören, aber bei anderen schlägt der Zigarettenteufel um sich, tritt und schreit, bevor er loslässt. Ich kämpfte mit mir selbst, versuchte, alle Kraft zusammenzunehmen, um den Bruch zu wagen. Eines Tages sagte ich: „Morgen höre ich auf", warf meine Zigaretten fort und versuchte, nicht mehr an sie zu denken. Aber am nächsten Tag hatte ich solch einen fürchterlichen Japp auf eine Zigarette, dass meine Hände zitterten. Ich hastete zum Laden und kaufte mir eine Schachtel. „Das war mit Sicherheit rausgeworfenes Geld", sagte ich zu mir selbst. Ich rauchte die halbe Packung innerhalb weniger Stunden, aber mein Gewissen plagte mich die ganze Zeit. „Okay, okay, ich werde es noch einmal versuchen."

Und so ging der Kampf monatelang hin und her.

Ich liebte die Adventgemeinde, weil sie für die Wahrheit eintrat. Ich wusste, dass ich in jede andere Kirche hätte eintreten können, ohne mein Trinken und Rauchen aufzugeben, aber ich wusste auch, dass, wenn ich Mitglied der Adventgemeinde werden wollte, ich mein Kreuz auf mich nehmen und Jesus folgen musste. Einen der Lieblingsaussprüche von Pastor Joe machte ich auch mir zu eigen: „Wenn du nicht für irgendetwas stehst, wirst du für irgendetwas fallen." Ich wollte verzweifelt gerne der Adventgemeinde angehören, aber ich wurde nicht Mitglied – noch nicht zu dem Zeitpunkt.

Einige Wochen danach fuhr ich mit meinem alten, klappernden Truck die Straße entlang, als ich einen Knall hörte, dann ein Zischen und ein „Flapp-flapp-flapp". „Oh nein, nicht schon wieder!" seufzte ich. Es war der zweite Platten an diesem Tag. Mein kleiner Laster fiel vor meinen Augen regelrecht auseinander. Innerhalb der letzten 24 Stunden war das Rücklicht ausgefallen, die Heckklappe abgefallen und der Motor hatte zu qualmen angefangen.

Während ich den Wagen aufbockte und den Reifen wechselte, dachte ich über diese neuen Pickups von Datsun mit Vier-Rad-Antrieb nach, die ich in der Werbung gesehen hatte. Wie gern hätte ich so einen gehabt! Ich fing an zu träumen. Wenn ich das Geld hätte, würde ich einen mit einem extra großen Führerhaus aussuchen für meine größer werdende Familie. Er müsste ein 5-Gang-Getriebe haben, vorn eine Seilwinde und eine Ladefläche mit Überlänge, so dass ich Holz transportieren konnte.

Ich zog die letzte Radmutter an, setzte die Radkappe auf und startete den Motor, aber meine Gedanken waren immer noch bei diesen neuen Datsun Trucks. Plötzlich platzte ich heraus: „Herr, wenn du mir so einen Truck schenkst, würde ich sogar das Rauchen aufgeben!"

Ich habe nie behauptet, dass Gott laut zu mir spricht, obwohl er natürlich schon viele Male zu meinem Gewissen geredet hatte, aber plötzlich hörte ich in dem Führerhaus meines alten Pickups ganz deutlich eine Stimme: „Für einen Truck würdest du das Rauchen aufgeben, aber für mich nicht?"

Ich war schockiert und erschrocken, und einige Minuten saß ich da und lauschte, ob ich die Stimme noch einmal hörte. Dann dachte ich: „Jesus ist am Kreuz für mich gestorben, und er bittet mich um nichts weiter, als dass ich Dinge aufgebe, die mir selbst schaden. Und doch war ich nicht bereit gewesen, *für ihn* das Rauchen aufzugeben." Ich wollte einfach nur einen Truck haben. „Oh, Herr, bitte vergib mir!" rief ich. „Ich habe es so nicht gemeint, und mit deiner Hilfe will ich nie wieder eine Zigarette anfassen!"

Als ich nach Hause kam, nahm ich meine Zigaretten und warf sie das Plumpsklo hinunter, denn ich wusste, von dort würde ich sie nicht wieder herauskramen können. Durch die Gnade Gottes habe ich danach nie wieder eine Zigarette geraucht. Zwei Wochen später wurde ich getauft.

Genau 10 Jahre nach diesem Ereignis schenkte mir der Herr einen Datsun mit Vier-Rad-Antrieb, einem extra großen Führerhaus, einer Seilwinde und einem 5-Gang-Getriebe. Und ohne dass ich dafür gebetet hatte, bekam ich noch als Bonbon elektrische Fensterheber und einen Tempomat dazu! Aber ich fragte mich: „Herr, warum hast du zehn Jahre gewartet, um mein Gebet zu erhören?"

Er antwortete mir, dass ich während dieser zehn Jahre so viel Geld an Zigaretten gespart hatte, dass ich mir den Wagen leisten konnte.

KAPITEL 15

Aber Herr, ich kann niemals predigen!

Seit dem Tag, an dem ich in meiner Höhle Jesus in mein Leben gelassen hatte, hatte ich nicht aufgehört, mit anderen über Gottes Liebe zu sprechen. Bei fast jeder meiner Unterhaltungen lenkte ich das Gespräch auf das Thema Religion und was Gott für mich getan hatte. Ich sprach mit dem Mann in der Autowerkstatt, zu Hippies, Obdachlosen, Trampern, unseren Nachbarn – einfach jedem.

Als der Pastor kurz nach meiner Taufe in der Gemeinde bekanntgab, dass zwei Wochen später eine evangelistische Serie beginnen sollte, dachte ich an all die Menschen, mit denen ich gesprochen hatte. Viele von ihnen schienen sich ebenfalls nach dem Frieden und dem Glück zu sehnen, das ich erlebte. Ich beschloss, sie zu den Versammlungen einzuladen.

Als der erste Abend der Evangelisation kam, quoll unsere kleine Kapelle über. Ich stand an der Tür und hielt Ausschau nach den Freunden, die ich eingeladen hatte. Viele meiner Nachbarn aus den Bergen kamen an diesem ersten Abend und besuchten dann weiterhin Abend für Abend die Veranstaltungen. Als wir unsere erste Taufe hatten, waren zehn der insgesamt zwölf Täuflinge Personen, mit denen ich die Bibel studiert und die ich eingeladen hatte. „Was für eine Freude ist es, für Gott etwas zu tun!" dachte ich. „Das ist echtes Glück, und es hinterlässt keinen Kater."

Eines Tages sprach mich Pastor Joe an. „Wie wäre es, wenn du in unserer Gemeinde predigen würdest, Doug? Mit deiner Liebe zu Gott und deiner Begeisterung kannst du die Herzen der Menschen erreichen und wirklich anrühren. Warum solltest du das nicht auch vom Sprechpult aus tun?"

Ein Gefühl der Schüchternheit erfasste mich plötzlich. Ich sollte predigen? „Oh nein, lieber Pastor! Da bist du bei mir an der falschen Adresse. Ich könnte niemals ein Prediger sein! Ich habe nicht die Ausbildung und ich wüsste gar nicht, was ich sagen sollte. Nein danke, das könnte ich absolut nicht."

„Du brauchst doch keine College-Ausbildung." Er gab nicht nach. „Geh einfach nach oben und erzähl den Leuten, was Gott für dich getan hat. Das ist alles, was du tun musst."

„Nein, ich glaube nicht, dass ich das könnte", sagte ich mit Überzeugung.

Der Pastor ließ das Thema erst einmal auf sich beruhen. Aber er hatte einen Gedanken in mein Herz gepflanzt, und der Heilige Geist begoss das Pflänzchen eifrig. Als er nach einiger Zeit wieder auf das Thema zu sprechen kam, zeigte ich schon etwas weniger Widerstand und schließlich erklärte ich mich bereit, es auf einen Versuch ankommen zu lassen.

Ich werde bis zum Ende meines Lebens nicht diese erste „Predigt" vergessen, die ich hielt! Ich besaß nicht einmal einen Anzug und ich vergaß, eine Krawatte umzubinden, aber es war weniger mein Äußeres, das mir zusetzte. Ich saß nervös auf dem Podium und wartete auf die Stunde der Wahrheit. Meine Hände schwitzten und ich fühlte, wie mir das Herz im Hals schlug. Als ich schließlich aufstand, um zu sprechen, legte ich meine Bibel vor mich hin und hielt mich mit beiden Händen am Sprechpult fest. Ich war froh, dass ich mich hinter irgendetwas verstecken konnte, damit die Zuhörer nicht sehen konnten, wie meine Knie schlotterten. Als ich meinen Mund zum Sprechen aufmachte, erkannte ich meine eigene Stimme nicht. Immer wieder musste ich schlucken und meine Lippen befeuchten, weil meine Kehle völlig ausgetrocknet war. Aber diese lieben Leute! Möge Gott sie segnen, sie saßen da und schenkten mir ihre vollste Aufmerksamkeit! Pastor Phillips und seine Frau saßen in der ersten Reihe und jedes Mal, wenn ich etwas Wichtiges sagte, nickten sie und sagten „Amen". Die Reaktion der Zuhörer auf meine zaghaften und schwachen Worte machte mir Mut fortzufahren, und irgendwie schaffte ich es durch die Predigt. Als ich dann an der Tür stand und die Leute verabschiedete, hatten viele Tränen in den Augen und versicherten mir, was für ein Segen meine Predigt für sie gewesen war.

„Ich? Ein Segen?" dachte ich. Ich bemerkte, dass viele der frommen Menschen, die mir positive Dinge über meine Predigt sagten, Hörgeräte trugen. Ich folgerte, dass die Geräte an dem Morgen wahrscheinlich defekt gewesen sein mussten.

Ich sprach danach des Öfteren und jedes Mal schien es für mich etwas leichter zu sein. „Doug, du solltest wirklich aufs College gehen und dich für den Predigtdienst ausbilden lassen", drängte mich Pastor Phillips. „Der Herr hat dir für diese Arbeit ein besonderes Talent gegeben, und ich weiß, wie viel Freude es dir macht, anderen das Evangelium weiterzusagen. Das Werk des Herrn braucht dich."

Ich schaute aufmerksam in das freundliche Gesicht dieses gütigen älteren Herrn. Bei mir selbst dachte ich: „Wenn ich jemals ein Prediger werden sollte, dann möchte ich so wie du sein." Was für eine Inspiration war er doch für mich! Laut sagte ich: „Natürlich, Pastor Joe, wir werden darum beten."

Tatsächlich ging ich eines Tages wieder zur Schule und belegte einige Fächer. Mein guter alter Dad! Er hatte immer gewollt, dass ich eine vernünftige Schulbildung bekam, selbst wenn es eine religiöse Ausbildung war, und so war er glücklich, mir finanziell unter die Arme greifen zu können. Sechs Monate lang besuchte ich das Southwestern Adventist College in Keene, Texas. Das war eins der besten Dinge, die ich je in meinem Leben getan habe. Ich hatte als Teenager so viel Zeit in der Schule verplempert und einfach nur Blödsinn gemacht, dass ich fest überzeugt war, nicht besonders helle zu sein. Aber am Southwestern College bekam ich nur Einsen! Jetzt wusste ich, dass ich durchaus etwas lernen konnte, wenn ich wollte!

Ich entlieh mir ein Buch aus der Bücherei – *Die Autobiographie von Benjamin Franklin*. Mit Erstaunen las ich, dass dieser Mann als Kind die Schule abgebrochen hatte und von zu Hause weggelaufen war. Und trotzdem schaffte er es schließlich, sieben Sprachen in Rede und Schrift zu beherrschen! Er erfand die Bifokalgläser, den Franklinofen [Ofen aus Metall], das Postsystem, öffentliche Büchereien und die Feuerwehr. Er machte Entdeckungen auf dem Gebiet der Elektrizität, war der Erstherausgeber verschiedener Zeitungen und Zeitschriften und war der erste Botschafter der Vereinigten Staaten in Frankreich. Und er war Vegetarier!

Ich dachte: „Wenn er sich das alles selbst beibringen konnte, dann kann ich es auch. Jesus hat versprochen 'Ich vermag alles durch Jesus Christus.'" Seitdem ich Christ geworden war, hatte ich vieles gelernt, was ich nicht im Traum für möglich gehalten hatte, unter anderem Flöte spielen, Gitarre, Mundharmonika, Klavier und Trompete. Ich hatte etwas Spanisch gelernt, hatte Fliegen und Windsurfen gelernt, und zurzeit lernte ich gerade Singen – allerdings bettelten meine Freunde, dass ich damit wieder aufhören sollte!

Nach dem College arbeitete ich in Texas mit Pastor Marvin Moore zusammen. Er war ein großer, netter Kerl, der aussah wie Abraham Lincoln. Wir veranstalteten zusammen einige Offenbarungsseminare und gaben wirklich ein gutes Team ab, denn der Herr segnete unsere Bemühungen reichlich. Viele Menschen wurden getauft. Im gleichen Jahr noch erhielt ich den Ruf, ein Mitglied der berühmten *Heritage Singers* zu werden – allerdings als ihr Sprecher! An dem Singen arbeite ich immer noch!

Gott wusste genau, warum er mich an diesen Platz stellte. Abend für Abend stand ich einen großen Teil des Konzerts über vor einem Saal voller Zuhörer. Ich erzählte den Menschen, was Gott für mich getan hatte und lud sie ein, doch auch

Jesus nachzufolgen. Die letzten Spuren von Bühnenangst verloren sich durch diese Erfahrung bei mir. In diesen 18 Monaten, in denen ich fünfmal in der Woche frei sprechen musste, holte ich alles auf, was ich bei meiner schulischen Ausbildung verpasst hatte.

KAPITEL 16

Indianergeschichten

Als ich eines Tages gerade im Büro der *Heritage Singers* saß, klingelte das Telefon. „Hier spricht Leroy Moore", sagte eine Stimme. „Ich bin zuständig für die Arbeit der Siebenten-Tags-Adventisten unter den nordamerikanischen Indianern. Ich habe von deinen evangelistischen Erfolgen gehört. Was würdest du davon halten, auf die La Vida Missionsstation zu kommen und unter den Navajo-Indianern zu arbeiten?"

Ich dachte an meine Zeit unter den Indianern, als ich bei meinem Onkel in New Mexico gelebt hatte. Ich hatte diese Menschen wirklich gern gehabt. Andererseits gab es auch einige Dinge, an die ich lieber nicht erinnert werden wollte.

„Es tut mir leid, Bruder Moore", sagte ich. „Wir haben gerade unseren Wohnwagen fertig gepackt und sind mitten im Aufbruch nach Kalifornien. Ich arbeite mit den *Heritage Singers* zusammen."

„Ach, so ist das." Er dachte einen Moment nach. „Nun ja, du musst ja auf deinem Weg nach Kalifornien sowieso durch New Mexico fahren, dann könntest du ja bei der La Vida Missionsstation vorbeikommen und dir die Sache wenigstens einmal ansehen. Ihr könnt gern bei uns übernachten."

„Das ist nett, Bruder Moore", sagte ich. „Wir werden bei euch vorbeikommen und kurz Halt machen. Außerdem werde ich über deine Anfrage nachdenken und es zu meinem Gebetsanliegen machen. Du wirst von mir hören."

In meinem Herzen hatte ich schon längst den Entschluss gefasst, dass diese Sache für uns nicht in Frage kam. Aber Gott hatte andere Pläne für uns. Noch bevor wir in die Auffahrt der Missionsstation einbogen, fing unser Wohnwagen an, seltsam zu schlingern und ungewöhnliche Geräusche von sich zu geben. „Wie gut, dass wir fast da sind", sagte ich zu Karyn. „Irgendetwas stimmt mit dem Wohnwagen nicht."

Einige Minuten später erreichten wir die Station, und als wir gerade auf den Hof fuhren, verlor der Wohnwagen ein Rad. Wir waren 2.000 Meilen gefahren und das Rad hätte an 100.000 anderen Plätzen abfallen können. Aber nein, der Wohnwagen brach genau hier, auf dem Hof der Missionsstation zusammen!

„Du brauchst neue Radlager", sagte mir einer der Männer dort. Er hatte ein Rad abgebaut und zeigte mir die verschlissenen Teile.

„Wie lange dauert es, welche zu besorgen?" fragte ich.

„Na, das wird wohl ein bisschen dauern, nehme ich an", erwiderte der Mann. „Die Werkstätten in dieser Gegend sind nicht sehr gut bestückt. Wahrscheinlich müssen sie die Teile von Albuquerque bestellen. Ich denke, dass es mindestens zwei Tage dauert."

Ich seufzte. „Nun gut, dann haben wir ja genug Zeit, uns die Sache hier ausführlich anzusehen." Als Karyn und ich dann die Bedürfnisse und die Not der Navajos sahen, wussten wir, dass dies der Platz war, wo Gott uns haben wollte.

„Wir werden bleiben", sagte ich Leroy kurze Zeit später.

Die Mission hatte ein altes Haus in Waterflow, New Mexico, erworben, das unser Heim sein sollte. Sie wollten, dass wir an dem Ort eine Gemeinde aufbauten. Aber die Leute, die in dem Haus wohnten, waren noch nicht ausgezogen, sie hatten im Grunde noch nicht einmal für den Umzug gepackt. Sie ließen alte Möbel, Gerümpel und Müll in dem Haus zurück. Sogar das schmutzige Frühstücksgeschirr stand noch auf dem Tisch. Es dauerte ungefähr einen Monat, bis wir alles ausgeräumt und renoviert hatten, dann aber stellte sich das Haus als gar nicht so schlecht heraus. Zumindest war es sehr geräumig.

Ganz in der Nähe stand ein Mobilheim [ein transportables Haus], das der Mission gehörte und an eine Indianerfamilie vermietet war. Der ganze Hof war mit leeren Bierdosen übersät, die für sich selbst sprachen. Im umliegenden Land wuchs kaum ein Baum – es gab nur harten Wüstenboden und niedrige Mesas [senkrecht aufragende, oben flache Felssäulen wie im Monument Valley], die wie stumme Wächter einer öden und trostlosen Landschaft wirkten.

Wir fingen mit unserer Arbeit klein an. Als erstes verwandelten wir eine alte Imbissbude in einen Versammlungsraum, und in einem Zelt hielten wir ein Offenbarungsseminar ab. Der Herr segnete unsere Arbeit und das Werk wuchs. Bald drängten sich mehr als hundert Personen in das kleine Gebäude.

Die Mission war nur ca. 70 Meilen von der Handelsstation meines Onkels entfernt und ich musste oft an ihn, seine Familie und einige meiner alten Freunde denken. Eines Tages kam ein heruntergekommener Pickup auf den Hof gerumpelt, wo ich gerade arbeitete. Der Wagen war nicht wirklich alt, er war nur in schlechtem Zustand. Die Türen waren eingebeult, eine war mit breitem Klebeband zugeklebt, die Windschutzscheibe hatte einen Sprung und die Reifen waren blankgefahren. Ein Indianer öffnete die Autotür und stolperte langsam heraus.

Er hatte langes, strähniges Haar, ein speckig glänzendes, narbiges Gesicht, tiefliegende Augen und einen Bierbauch. Ich schätzte ihn altersmäßig zwischen 50 und 60 Jahren ein. Er humpelte zu mir herüber und sah sich vorsichtig um.

„Kennen Sie jemanden mit Namen Doug Batchelor?" fragte er.

Ich war überrascht, meinen Namen zu hören und sah den Mann aufmerksam an, aber konnte keinen Anhaltspunkt entdecken, dass ich ihn vielleicht kannte. „Ja, kenne ich. Ich bin Doug Batchelor", sagte ich, immer noch verwirrt.

Er zögerte einen Moment, sah mich scharf an und dann hellte sich sein Gesicht auf. „Doug! Doug!" rief er. „Kennst du mich noch? Ich bin Ken!" Er torkelte auf mich zu und nahm mich wie ein riesiger Teddybär in seine Arme. Ich erwiderte seine Umarmung, wusste aber immer noch nicht genau, wer er eigentlich war.

„Ken?" fragte ich.

„Ja! Ken Platero. Erinnerst du dich nicht? Wir sind zusammen Motorrad gefahren, als du bei deinem Onkel gewohnt hast."

Plötzlich dämmerte es mir. Das hier war mein Zechkumpan, derjenige, den ich überredet hatte, mit mir die Bar zu besuchen. Derjenige, der gesagt hatte: „Trinken bringt nur Schwierigkeiten."

„Du bist es tatsächlich! Ich habe dich nicht wiedererkannt!" sagte ich. „Es ist lange her – ungefähr zehn Jahre, glaube ich."

„So ungefähr. Ich hörte von deinem Onkel, dass du jetzt hier bist. Er sagte mir, dass du Christ geworden bist. Ist das wahr?"

„Das stimmt, Ken. Ich bin Siebenten-Tags-Adventist."

„Das freut mich." Er schien sich wirklich von Herzen darüber zu freuen. „Ich brauche Gott in meinem Leben. Ich habe nichts als Schwierigkeiten, alles läuft schief!" Sorgenfalten zerfurchten seine Stirn und als er seufzte, konnte ich spüren, dass sein Kummer aus tiefster Seele kam.

„Was sind das für Schwierigkeiten?" fragte ich.

„Meine Frau verlässt mich. Ich bin mit dem Gesetz in Konflikt und mein ganzes Leben ist ein einziges chaotisches Durcheinander." Er wirkte sehr traurig. „Ich brauche Gott."

„Wenn irgendeiner versteht, wie du fühlst, dann ich", sagte ich. „Ich bin der größte aller Sünder. Komm, wir wollen zusammen für dich beten." Ken und ich knieten mitten auf dem Hof nieder und ich betete für ihn und seine Familie. Tränen liefen über sein Gesicht, als wir uns wieder erhoben. Er nahm meine Hand in seine beiden Hände. „Ich werde in deine Gemeinde kommen. Ich möchte, dass du weiterhin für mich und meine Familie betest."

„Ich werde nach dir Ausschau halten, Ken. Und ich versichere dir, dass du immer in meinen Gebeten sein wirst."

„Du bist der beste Freund gewesen, den ich je hatte", sagte er, als er in seinen Truck kletterte. Als er vom Hof fuhr, dachte ich: „Nein, Ken. Ich bin dein schlimmster Feind gewesen. Ich bin schuld daran, dass du einen falschen Weg eingeschlagen hast. O Gott, was habe ich nur getan?" Mein Herz schrie zu Gott. „Habe ich durch mein schlechtes Beispiel, als ich noch jung und dumm war, das Leben eines Menschen zerstört?"

Ich sah Ken nie wieder. Ich hoffte so sehr, er würde einmal zu unseren Versammlungen kommen, aber er schaffte es nicht. Ich versuchte, seine Adresse herauszufinden, aber hatte keinen Erfolg. Vielleicht hätte ich mich noch intensiver bemühen sollen. Die Erinnerung war für mich so schmerzvoll und fast unerträglich.

„Herr", betete ich, „wenn es irgendetwas gibt, womit ich diesen furchtbaren, folgenschweren Fehler wieder gutmachen kann, dann zeige es mir bitte!"

Während ich dieses Gebet sprach, stand ich direkt vor dem Mobilheim, das neben unserem Haus stand. Was waren das eigentlich für Menschen, die hier lebten? Karyn und ich wussten, dass sie drei Kinder hatten, und dass sie zwei intelligente, gutaussehende Leute waren. Später fanden wir heraus, dass sie Tom und Alaice Begay hießen. Sie hatte eine gute Arbeit als Bürofachkraft und arbeitete mit Computern. Er war in Vietnam gewesen, sprach fließend Navajo und Englisch und war ein sehr geschickter Elektriker. Aber an dem Tag, als ich im Hof stand und betete, wusste ich gar nichts über sie.

Wir hatten uns um sie bemüht und versucht, die nachbarschaftlichen Beziehungen zu pflegen. Karyn hatte Brot und andere Leckereien gebacken und ihnen an die Tür gebracht. Alaice öffnete die Tür dann gewöhnlich einen Spalt breit, lächelte und nahm die Geschenke höflich an. Dann schloss sie die Tür wieder. Wenn wir sie trafen, winkten wir immer und sprachen sie an, aber sie hielten sich reserviert. Wir fragten uns, was eigentlich das Problem war.

Dann eines Abends hämmerte jemand wie wild an unsere Tür. Bevor ich überhaupt die Tür erreichen konnte, setzte das verzweifelte Klopfen schon wieder ein und gleichzeitig klingelte es Sturm. Ich öffnete rasch und draußen stand die elfjährige Tracy, die älteste der drei Nachbarskinder. Ihre Augen waren schreckgeweitet. „Kommen Sie schnell!" flehte sie. „Mein Vater bringt meine Mutter um!"

Meine Gedanken rasten durch den Kopf und ich zögerte eine Zehntelsekunde. Instinktiv dachte ich als erstes, ich sollte wahrscheinlich lieber die Polizei rufen und mich aus den Angelegenheiten meiner Nachbarn heraushalten, aber wenn ich das tat, würde ich sie wahrscheinlich niemals mit der Frohen Botschaft von Jesus erreichen können. Ich stürzte aus der Tür und rannte quer über den Hof zu ihrem Eingang. Laut hämmerte ich gegen die Tür. Die Geräusche, die aus dem Mobilheim nach draußen drangen, zeigten unmissverständlich an, dass dort Handgreiflichkeiten im Gange waren, Schreien und Schlagen war zu hören. Mir wurde bald klar, dass mir niemand die Tür öffnen würde, also stieß ich sie auf und rannte nach drinnen.

Der Mann stand im Schlafzimmer, gegen eine Wand gelehnt, keuchend und schnaufend, und starrte auf seine Frau. Sie saß auf dem Boden, schluchzend und ächzend, und hielt ihre Hand vors Gesicht; Nase und Mund bluteten. Ihre braune Wange war blaugeschlagen und angeschwollen. Als ich den Raum betrat, nahm er kaum von mir Notiz. Er hielt seinen Blick weiterhin auf sie fixiert, schrie und fluchte, teilweise auf Englisch, teilweise auf Navajo. Er schlug mit der Faust nach ihr, verfehlte sie aber. Sie schrie auf und duckte sich vor ihm. Er holte ein zweites Mal aus und verpasste sie wieder. Mir wurde klar, dass er sie nur einschüchtern, nicht wirklich treffen wollte. Im Raum verbreitete sich ein intensiver Alkoholgeruch.

Ich konnte nicht einfach nur da stehen und zugucken, also trat ich zwischen die beiden und half ihr auf die Füße.

„Soso, du hast dir den Prediger kommen lassen, damit er dich rettet, he?" fauchte er sie an.

„Schluss jetzt", sagte ich. „Lassen Sie sie in Ruhe!"

„Ach ja, wer hat dich überhaupt hierher eingeladen?" knurrte er. „Mach, dass du verschwindest!"

Ich ließ mich nicht so schnell einschüchtern. „Ich versuche nur zu helfen", sagte ich ruhig. „Ich hätte auch die Polizei rufen können, aber das habe ich nicht gemacht. Das wäre keine Lösung des Problems gewesen. Wenn Sie sie so sehr hassen, dann gehen Sie doch weg, aber verprügeln Sie sie nicht."

„Es ist alles ihre Schuld!" brüllte er. Sofort fing die Schreierei wieder an und sie warfen sich gegenseitige Beschuldigungen an den Kopf. Er holte aus und schlug wieder nach ihr.

Ich bin nur 1,75 m groß und Tom war mindestens 10 Zentimeter größer, aber ich ergriff ihn mit einem Doppelnelson, indem ich mit meinen Armen von hinten unter seine Achseln griff und meine Hände fest hinter seinem Nacken verschränkte. Als sie merkte, dass er meinem Klammergriff nicht entkommen konnte, stürzte sie sich auf ihn und fing an, ihn an den Haaren zu ziehen.

„Aufhören damit!" brüllte ich. Ich warf ihn gegen die eine Wand und sie gegen die andere – was nicht so schwer ist bei zwei ziemlich betrunkenen Personen – und stellte mich zwischen sie. Schwer atmend standen wir alle drei da. Die zwei jüngeren Kinder kauerten in einer Ecke und weinten leise vor sich hin.

Nachdem Pulsschlag und Atmung sich wieder halbwegs normalisiert hatten, sagte ich: „Wir könnten uns doch hinsetzen und über die ganze Sache wie vernünftige Menschen reden!"

Sie stolperten in das Wohnzimmer und setzten sich. Sie waren beide chic angezogen – zumindest gewesen! – so als ob sie zu einer Party gehen wollten. Allerdings waren sie nicht bereit, viel zu reden, aber ich hatte mir in den Kopf gesetzt, ihr Haus nicht eher zu verlassen, als bis einer von beiden gegangen war. Nach einigen Minuten erhob sich Alaice und verschwand, die Kinder im Schlepptau.

Jetzt war ihr Geheimnis gelüftet. Ich fand bald heraus, dass diese Familie für ihre Schlägereien berüchtigt war. Schon seit Jahren hatten sie für Schlagzeilen gesorgt. Tom war groß, gutaussehend und ein richtiger Macho. Alaice war ebenfalls attraktiv und flirtete gern, und beide sprachen gern dem Alkohol zu. Sie waren beide eifersüchtig aufeinander, und wenn sie getrunken hatten, ging das Streiten und Schlagen los.

Ich überlegte, was am besten zu tun sei. Sollte ich der Mission Meldung machen und dafür sorgen, dass sie eine Räumungsklage erhielten? Wenn ich das getan hätte, hätte ich jede Chance vertan, sie jemals für Christus zu gewinnen. Ich fragte mich, wie Jesus gehandelt hätte und kam zu dem Entschluss, dass er sich als ihr Freund angeboten hätte. „Nun, Herr, ich werde es versuchen", dachte ich bei mir selbst.

Als Tom mit dem Gesetz in Schwierigkeiten geriet, weil er gegen einen Mann, der ihn beleidigt hatte, eine Waffe gezogen hatte, ging ich mit zur Gerichtsverhandlung. Als er ins Gefängnis kam, half ich ihm, wieder freizukommen.

Karyn freundete sich mit Alaice und den Kindern an. Sie machte Kekse und lud sie zu einer kleinen Party in unser Haus. Wenn es wieder Schwierigkeiten irgendwelcher Art gab, flüchteten sich Alaice und die Kinder, oder auch nur die Kinder in unser Haus und beobachteten alles aus sicherer Entfernung. Manchmal fuhren zwei oder drei Polizeistreifen mit Blaulicht auf den Hof. Die Beamten liefen ins Haus und schlichteten den Streit.

Als ich eines Abends nicht da war, weil ich auswärts eine mehrtägige evangelistische Serie hielt, saß Karyn lesend im Bett. Plötzlich knallte die hintere Schlafzimmertür auf und Alaice stürzte herein. Mit einem Blick auf Karyn und einem hastigen „'Tschuldigung!" rannte sie durch den Raum. Sekunden später jagte Tom mit einem Besen in der Hand hinter ihr her. Karyn bemühte sich nicht einmal, aus dem Bett zu springen. Wir hatten uns an diese Dinge schon fast gewöhnt, soweit man sich an so etwas gewöhnen kann. Es schien, als wurde die ganze Welt zu einem hässlicheren Ort durch das, was sie mit ihrer Trinkerei, ihren Schlägereien und Krawallen anrichteten.

Manchmal blieb Tom ein paar Wochen lang nüchtern, besorgte sich einen Job und verdiente gutes Geld. Dann zog er wieder los auf eine Zechtour. Er gab dann nicht nur sein ganzes mühsam verdientes Geld aus, er demolierte dabei oft auch irgendwelche Dinge. Einmal fuhr er sein neues Auto zu Schrott. Ein anderes Mal warf er einen Gegenstand gegen ihren großen, teuren Fernseher und zerstörte ihn.

Wenn Tom nüchtern war, ging ich oft zu ihm hinüber und sprach mit ihm über die Liebe Gottes. Zuerst war er abweisend und wollte davon nicht viel wissen, aber ich blieb nett und freundlich und besuchte ihn immer wieder. Er wusste, dass er und seine Familie uns nicht egal waren und wir sie wirklich gern hatten, und langsam begann er aufzutauen und zuzuhören. Er interessierte sich durchaus für geistliche Dinge. Er hatte einige christliche Bücher gelesen und war sogar zum Gottesdienst gegangen. Einige baptistische Freunde hatten ihm einiges über das Christsein beigebracht. Aber er musste noch lernen, was es bedeutete, Jesus nachzufolgen, wie entscheidend es war, die Bibel zu studieren und seine persönlichen Andachten zu machen, wie wichtig es war, die eigenen Kinder anzuleiten und mit ihnen zu beten. Das waren alles Dinge, von denen er noch nicht viel gehört hatte.

Wir waren in der Planung für ein weiteres Offenbarungsseminar und ich hoffte sehr, dass Tom und seine Familie kommen würden. Eines Tages redeten wir miteinander. „Tom", sagte ich, „du schuldest mir etwas."

„Wie meinst du das?"

„Ich bin mit dir gegangen, als du vor Gericht musstest, und habe dir beigestanden. Ich habe die Polizei von dir ferngehalten und ich bin immer ein guter Nachbar gewesen. Jetzt möchte ich, dass du mir einen Gefallen tust."

„Natürlich, Doug, was möchtest du von mir?" fragte er.

„Ich möchte, dass du zu dieser Veranstaltung kommst, die ich demnächst durchführe", sagte ich. „Wir werden das Buch Offenbarung studieren. Es wird dir Spaß machen."

„O nein, Doug, das ist nicht drin."

„Warum denn nicht", gab ich zurück. „Wie wäre es, wenn du nur die ersten beiden Abende kommst? Wenn es dir nicht gefällt, dann kannst du ja wegbleiben."

„Okay", sagte er, „ich komme."

„Versprochen?" fragte ich.

„Versprochen."

Ich wusste, dass ich ihn nur kriegen konnte, wenn er nüchtern war.

Die anderen Gemeinden sahen das ganze Unternehmen ziemlich kritisch und pessimistisch. „Die Navajos kannst du zu nichts bewegen", warnten sie. „Wenn du 50 Personen dahin bekommst, eine Veranstaltung zu besuchen, dann kannst du dich glücklich schätzen. Wahrscheinlich werden es eher 10 oder 15 sein."

„Lasst uns das Ziel bei 100 Personen ansetzen", sagte ich meiner kleinen Gemeinde. „Der Arm des Herrn ist nicht zu kurz. Er kann uns segnen." Also beteten wir für 100 Personen.

Am Eröffnungsabend hatten wir 375 Besucher, die Kinder mitgezählt! Die Turnhalle war zum Bersten gefüllt. „Das ist das Sensationellste, was ich je unter den Indianern gesehen habe", sagte uns Leroy Moore. „Es ist einfach unglaublich, wie diese Leute so plötzlich die Botschaft hören wollen!"

Aber die größte Freude an diesem Abend hatte ich, als ich Tom und Alaice mit ihren drei Kindern hereinkommen sah. Die Leute strömten nur so herein und unsere armen Mitarbeiter waren völlig überfordert. Sie wussten nicht, wie sie die Massen bewältigen und registrieren sollten.

„Kann ich helfen?" fragte Alaice Karyn, die unter Hochdruck arbeitete.

„Das kannst du mit Sicherheit!" sagte Karyn dankbar und wies ihr einen Platz an der Registratur an.

Es war schön zu sehen, wie im Laufe der folgenden Versammlungen mit dieser Familie eine Verwandlung vor sich ging. Alaice begann zu lächeln. Dann begannen die Kinder zu lächeln. Tom und Alaice und sogar Tracy, die älteste der Kinder, beteiligten sich und gaben ihre Beiträge, wenn wir die Fragen und Antworten durchsprachen.

Sie saßen ganz vorn an einem Tisch und ich konnte beobachten, wie sie studierten, nachdachten und dann die Antworten aufschrieben. Wenn wir Diskussionen hatten, meldeten sie sich, und manchmal riefen sie die Antwort einfach in den Raum hinein.

Das Seminar lief sechs Abende in der Woche über sechs Wochen. Eines Abends saß Tom nicht an seinem Platz, als ich zu sprechen anfing. Mein Herz war schwer und ich rief innerlich zu Gott: „O Herr, bitte hilf, dass er jetzt nicht trinkt!" Als er einige Minuten später hereinkam und sich mit seiner Familie hinsetzte, seufzte ich vor Erleichterung.

Ich konnte auch Veränderungen in ihrem Leben zu Hause entdecken. Eines Tages sah ich aus dem Fenster. Tom und Alaice sammelten die leeren Bierdosen auf und warfen sie in einen Plastiksack. Dann harkten und säuberten sie den Hof. Einige Tage später sahen Karyn und ich, wie die ganze Familie mit vereinten Kräften damit beschäftigt war, den Boden umzugraben, um einen Garten anzulegen. Tom und Alaice bespritzten sich gegenseitig mit einem Wasserschlauch. Die Kinder rannten auf ihren Vater zu und riefen: „Spritz uns auch nass!" Tom richtete den Schlauch auf sie und bald waren alle klitschnass. Lachen und ausgelassene Freude klangen herüber.

Was für ein Gegensatz! Bevor das Offenbarungsseminar angefangen hatte, hatte ich die Kinder kein einziges Mal in Gegenwart ihrer Eltern lächeln, geschweige denn lachen gesehen. Tatsächlich spielten sie nicht einmal in ihrem eigenen Hof, sie kamen zum Spielen zu uns herüber.

Eines Sabbats überraschten sie uns damit, dass sie beim Gottesdienst auftauchten. Sie gaben eine richtige Traumfamilie ab, alle geschmackvoll angezogen und jeder von ihnen ein bildschöner Mensch, angefangen von Tom über Alaice bis zum jüngsten Kind.

Am Ende des Offenbarungsseminars meldeten sich fast 100 Personen, die sagten, dass sie glaubten und getauft werden wollten. Man hatte uns gewarnt, die Navajos nicht zu schnell zu taufen. „Sie sind solch liebe, sanfte Leute und möchten dir gern zu Gefallen sein", sagte uns Leroy. „Überzeuge dich, dass sie wirklich getauft werden wollen, weil sie vom Heiligen Geist angesprochen worden sind und nicht nur, weil sie jemandem einen Gefallen tun wollen."

Deshalb besuchten wir also jeden Einzelnen und vergewisserten uns, wie die Dinge standen, bevor wir ein Datum für die Taufe ansetzten. Das brauchte natürlich seine Zeit. In der Zwischenzeit hielten wir weiterhin regelmäßig Gottesdienste ab und Tom und Alaice kamen jeden Sabbat treu zum Gottesdienst. Eines Tages erschien mein Übersetzer nicht. Was sollte ich machen? Ich sprach nur wenig Navajo und viele der älteren Navajo-Indianer sprachen kein Englisch.

Tom meldete sich freiwillig. „Ich kann übersetzen", sagte er und so kam es auch. Tränen schossen mir in die Augen, als ich beobachtete, wie die Menschen sich auf ihren Sitzen nach vorne beugten, um ja kein Wort zu verpassen und wie Toms Gesicht regelrecht glühte, als er da vor der Klasse stand. Er übersetzte nicht einfach nur, er *unterrichtete* die Klasse. Ich weiß nicht, wer glücklicher war, ich oder Tom. Einige Monate später wurden Tom und Alaice getauft, und es schien, als würde die ganze Welt zu einem besseren Ort durch das, was das Evangelium für nur diese eine Familie vollbracht hatte!

KAPITEL 17

Heimwärts!

Ich rannte so schnell ins Haus, dass die Fliegengittertür hinter mir mit einem Knall zufiel. „Wer möchte mit mir nach Covelo fahren?" rief ich laut. Die Kinder kamen angerannt und Karyn, die gerade die letzte Backform mit Brotteig in den Ofen schob, drehte sich mit leuchtenden Augen zu mir um.

„Wir! Wir! Wir!" riefen die Kinder im Chor.

„Wie kommt es, dass wir nach Covelo fahren?" fragte Karyn.

„Ich habe einen Telefonanruf von Dave erhalten und ich muss nach Hause fahren und mich um einige Angelegenheiten im Zusammenhang mit unserem Haus kümmern. Wie schnell schaffst du es, einige Sachen einzupacken?"

„Wir können erst fahren, wenn das Brot fertig ist", sagte Karyn, „aber ich kann sofort mit Packen anfangen und bin in Nullkommanichts fertig."

„So schnell braucht es nicht zu sein", sagte ich. „Eigentlich müssen wir erst am Morgen losfahren, aber wir sollten so früh wie möglich loskommen."

Es war noch dunkel, als wir am nächsten Morgen die Kinder weckten, aber sie sprangen augenblicklich aus den Betten, und als es dämmerte, waren wir schon unterwegs.

„Werden wir auch Oma und Opa Phillips besuchen?" fragte Micah, als wir auf die Landstraße abbogen. Pastor Phillips und seine Frau waren für unsere Kinder so etwas wie Großeltern und hatten ihre Herzen im Sturm erobert. Die Kinder liebten sie über alles.

„Aber klar", versicherte ich ihm. „Wir werden unsere ganze Gemeindefamilie sehen!"

Glückliches Geplapper während der Autofahrt zeigte, wie aufgeregt alle waren und wie sehr sie sich auf Covelo freuten. Wir konnten es kaum erwarten, nach Hause zu kommen und schwelgten in Erinnerungen. Aber wir hatten eine lange Fahrt vor uns und am Spätnachmittag ebbten die aufgeregten Stimmen langsam ab und einer nach dem anderen fiel in Schlaf. Ich blieb allein am Steuer wach und hatte Gelegenheit, meinen eigenen Gedanken nachzuhängen, während der Wagen einen Kilometer nach dem anderen herunterspulte.

Das Ehepaar Phillips. Mein Herz wurde ganz warm, wenn ich an sie dachte und mich erinnerte, wie sie unserer Familie geholfen und unser Leben positiv beeinflusst und geformt hatten! „Der springende Punkt ist, dass sie ihr Christsein im Alltag praktisch ausleben", dachte ich. Im Geist durchlebte ich noch einmal eine Begebenheit aus der Zeit, als wir uns gerade erst kennengelernt hatten.

„Was soll ich machen?" fragte ich Karyn eines Tages. „Wenn ich Feuerholz verkaufen will, brauche ich dazu unbedingt eine Kettensäge. Das ist die einzige Möglichkeit, wie ich die Zahlungen für die Hypothek auf unserem Land leisten kann. Aber die Bank hat mir ein Darlehen für die Kettensäge glatt verweigert."

„Warum? Wie haben sie das begründet?" fragte sie.

„Sie sagten, dass sie mir kein Geld leihen könnten, weil ich auf meinem Konto kein Guthaben hätte." Ich war ein erwachsener Mann, aber mir war nach Heulen zumute. Sollte ich mein Land wieder verlieren, bevor ich überhaupt die Chance hatte, meine erste Rückzahlung zu leisten?

„Aber wie sollst du an ein Guthaben kommen, wenn du kein Geld leihen kannst?" Sie sah mich sorgenvoll an.

„Genau das habe ich sie auch gefragt!" sagte ich. „Aber ob ich etwas sage, oder in China fällt ein Spaten um: Mit so einem langhaarigen Hippie wie mir wollen sie doch kein Risiko eingehen."

Aber als Pastor Joe von meiner Misere hörte, zögerte er keine Sekunde. Er griff in seine Tasche, zückte sein Scheckbuch und begann zu schreiben.

„Du kannst es mir zurückzahlen, wann immer du kannst", sagte er lächelnd und hielt mir einen Scheck über 300 Dollar entgegen. Mir fiel die Kinnlade herunter. Dieser Mann kannte mich kaum! Natürlich nahm ich mir vor, vor allen anderen Dingen als erstes dieses Geld – so schnell wie möglich – zurückzuzahlen und das habe ich auch getan!

Bevor ich überhaupt auf dieser Welt war, war Pastor Phillips in den „Ruhestand" getreten und nach Covelo gezogen. Hier hatte er eine Gemeinde aufgebaut und später eine Schule. Es mag Pastoren geben, die ihren Dienst als eine Art Karriere ansehen, aus der sie sich mit 65 Jahren auf ihre gute und wohlverdiente Pension zurückziehen. Aber Pastor Joe dachte ganz anders. Er ging nie in den Ruhestand. Er war entschlossen, so lange für den Herrn zu arbeiten, bis er eines Tages tot umfiel.

Seine Art und sein ganzer Lebensstil mussten einen einfach tief beeindrucken. Er war schon in den Achtzigern, als er wieder nach Covelo zurückkehrte und mit eigenen Händen sein Haus baute – mit der Hilfe einiger anderer natürlich -, aber er stand den kräftigsten Burschen unter ihnen nichts nach, schleppte Baumaterial und arbeitete, als sei er gerade mal 50.

Ich erinnere mich noch, wie ich eines Tages zu Karyn sagte: „Irgendetwas muss an diesem vegetarischen Lebensstil dran sein." Ich dachte an den prachtvollen Gemüsegarten, den sie hinter ihrem Haus hatten und das leckere Gemüse, das sie ernteten. Sie lebten praktisch von ihrem eigenen Land. Dafür gab es zwei Gründe. Ihre Gesundheit war einer, aber der andere Grund war für sie nicht weniger von Bedeutung: Sie sparten auf diese Weise eine Menge Geld. Je weniger Geld sie für Nahrungsmittel ausgaben, desto mehr hatten sie übrig, um für die Verbreitung des Evangeliums zu spenden. Ihr monatliches Einkommen war nicht üppig und doch gaben sie regelmäßig mehr als die Hälfte davon für verschiedene missionarische Projekte und evangelistische Dienste!

Ich wusste, dass die Gebete dieses hingebungsvollen und Gott geweihten Mannes der stärkste Faktor bei meiner Entscheidung für Christus gewesen waren. Joe und seine Frau Miriam hatten eine Liste von mehr als 50 Personen, für die sie jeden Morgen beteten. Pastor Joe nannte dann im Gebet jeden dieser Menschen mit Namen und betete für das Problem, das er hatte oder einfach für sein Wohlergehen. Außerdem verbrachte er wirklich *sehr* viel Zeit mit seiner Bibel. Ich bin mir sicher, dass das der Schlüssel zu seiner geistlichen Stärke und Kraft war. Niemals konnte man bei ihm auch nur die Spur von Ungeduld oder Aufbrausen wahrnehmen. Eine Situation konnte noch so stressig und herausfordernd sein, er blieb immer gelassen und behielt seine sanfte, liebevolle, freundliche Art.

Und Oma Phillips. Was für ein machtvolles Zeugnis war ihr Leben! Sie arbeitete immer an der Seite ihres Mannes und half sogar mit, das Haus zu bauen. Ich erinnerte mich noch, wie er bei einer Gelegenheit ein langes Stück Holz trug und ihr beim Drehen ordentlich eins mit dem Holzende verpasste. „Joe!" sagte sie nur.

„Oh, tut mir leid, mein Liebes", antwortete er und beide wandten sich wieder ihrer Arbeit zu. Bei der Erinnerung musste ich laut kichern.

„Was gibt es denn zu lachen?" wollte Karyn wissen, die aus ihrem Schlummer erwacht war.

„Oh, ich musste nur an die Phillipsens denken", sagte ich.

„Sind sie nicht das liebste und liebenswerteste Ehepaar, das man sich vorstellen kann?" antwortete sie.

„Ich glaube, seit dem Tag, wo sie ihn geheiratet hat, musste ihr Schutzengel Überstunden machen. Erinnerst du dich noch, wie er sie beinahe rückwärts mit dem Auto überfahren hat?" fragte ich.

„Aber na klar!" sagte sie. „Manchmal erinnern mich die beiden an Filme von Dick und Doof, die ich als Kind gesehen habe."

„Ja, das ist ein guter Vergleich. Irgendwie haben sie etwas davon. Weißt du noch, wie uns auf der Schnellstraße der Geisterfahrer entgegenkam, und es stellte sich heraus, dass es die Phillipsens waren?"

„Wie könnte ich das vergessen! Das war ein Schreck!" Karyn lachte. „Jetzt kann man darüber lachen, aber wie leicht hätten sie tödlich verunglücken können. Sie sind solch ein süßes Pärchen. Sie ist doch bestimmt einen Kopf größer als er und wenn sie lacht, reichen ihre Mundwinkel von einem Ohr bis zum anderen."

Ich musste bei dem Gedanken an ihr Lachen grinsen. „Seine Frau ist der einzige Mensch, den ich je erlebt habe, der mitten in einer Predigt aufsteht und den Prediger unterbricht."

„Aber sie tut das immer sehr lieb und taktvoll", verteidigte Karyn sie, „ich finde es faszinierend, wie sie die Augen schließt und fehlerfrei Stellen aus der Bibel zitiert."

„Ja", stimmte ich zu, „ihr Gesicht leuchtet förmlich. Ich habe immer den Eindruck, als hätte sie uns eine Botschaft direkt aus dem Himmel gebracht."

„Ich glaube, dass die anderen auch so fühlen. Alle halten inne und hören ihr mit ungeteilter Aufmerksamkeit zu", sagte Karyn. „Auf jeden Fall scheint ihr Mann ihren Eifer zu begrüßen und hat nichts dagegen."

Die Fahrt nach Kalifornien war eine ziemliche Tortur. Wir fuhren fast ohne Anhalten in eins durch. Wie freuten wir uns, als wir endlich auf unsren Hof fuhren und unser Häuschen in den Bergen unverändert vorfanden. Steif vom vielen Sitzen kletterten wir aus dem Wagen. „Jeder muss beim Hineintragen helfen", erinnerte ich die Kinder, als sie sofort auf die Tür zustürzten.

Die Zeit in Covelo ging einfach viel zu schnell vorbei. Es gab zu viele Dinge zu erledigen und zu wenig Zeit, um alles zu schaffen. Aber für einen ausgiebigen Besuch bei den Phillipsens nahmen wir uns natürlich die Zeit.

„Hey, Mutti, komm mal schnell und guck, wer hier ist!" rief der Pastor seiner Frau zu, während er selbst nach draußen eilte, um uns zu begrüßen. Nach vielem Gelächter, Umarmungen und Staunen bei jedem Kind „Wie groß du geworden bist!" baten uns unsere Gastgeber ins Haus.

Der Geruch von gekochten Äpfeln zog durchs Haus. Oma Phillips kochte gerade Apfelmus und ihr Mann half beim Äpfelschälen. „Lasst euch bei der Arbeit nicht stören", sagte Karyn, „wir kommen alle in die Küche und helfen mit." Oma Phillips gab jedem von uns eine Schürze, und ich half mit, die Äpfel zu schälen und auszustechen.

„Du siehst gut aus!" sagte ich zu Pastor Joe. „Wie alt bist du jetzt?"

„Ich bin jetzt 93, Doug. Ich rücke schon gefährlich an die Hundert heran."

„Du bist wirklich erstaunlich", sagte ich kopfschüttelnd.

Er unterbrach sein Schälen für einen Moment und lehnte sich gegen die Arbeitsplatte. „Doug, ich tauge nicht mehr zu sehr viel, musst du wissen. Es kostet mich alle meine Kraft, diese Äpfel zu schälen und zu entkernen, aber mein Motto ist: Tue so viel wie möglich, so lange wie möglich, für so viele Menschen wie möglich, so oft wie möglich." Seine Worte trieben mir fast die Tränen in die Augen, denn ich wusste, dass er jedes Wort ernst meinte. Sein ganzer und einziger Lebensinhalt war, anderen ein Segen zu sein und ihnen zu dienen.

Zu viert ging die Arbeit schnell von der Hand und im Handumdrehen waren die Äpfel fertig. Wir wuschen uns die Hände und setzten uns gemütlich um den Tisch.

„Doug", sagte Pastor Joe und sah mich fest an. In seinen Augen schwammen Tränen. „Der Herr ruft dich in den Predigtdienst. Ich *glaube* das nicht nur, ich *weiß* es genau. Ich weiß nicht, wie es möglich sein wird, das in die Tat umzusetzen. Denn es ist sicher nicht leicht, wenn man schon Frau und Kinder hat, aber wenn Gott dich ruft, dann ist das *sein* Problem. Er wird schon eine Lösung parat haben."

„Das hoffe ich", sagte ich. Ich musste daran denken, wie viele Chancen ich in meinem Leben verplempert hatte. Ich war, was meine Schulbildung betraf, kaum auf dem Stand, dass ich eine theologische Ausbildung hätte anfangen können.

„Weil ich ganz fest daran glaube, dass es so sein soll", sagte Pastor Joe, „werde ich dir alle meine Bücher hinterlassen. Komm, ich werde dir meine Bücherei zeigen." Wir standen auf und gingen in sein Studierzimmer, die Frauen folgten uns. Der Raum war über und über mit Bücherborden bedeckt, auf dem die Bücher säuberlich in Reih und Glied aufgebaut waren.

„Wo hast du die vielen Bücher her?" staunte ich.

„Ach, hier eins und dort eins. Vergiss nicht, dass ich schon mehr als sechzig Jahre im Dienst bin. In so einer langen Zeit sammelt sich schon so einiges an."

„Ja, und außerdem ist er Präsident einer Vereinigung im Missionsgebiet gewesen und sehr viel herumgekommen", fügte Oma Phillips hinzu. „Er kauft an jedem neuen Ort, an den er kommt, ein neues Buch."

Ich pfiff leise durch die Zähne. Hier standen so viele Bücher, dass man drei Leben brauchte, um sie alle zu bewältigen!

„Wie lange könnt ihr bleiben? Seid ihr am Sabbat zum Gottesdienst noch da?" fragte Pastor Joe.

„Ja, am Sabbat werden wir noch hier sein. Aber am Sonntag müssen wir ganz früh wieder los", erwiderte ich.

„Gut! Wie wäre es dann, wenn du die Predigt hältst? Alle deine Freunde werden sich freuen, dich zu sehen und zu hören."

„Das Angebot nehme ich gern an, Bruder", versicherte ich ihm.

Wir verbrachten einen wundervollen Sabbat mit unseren Freunden und kehrten am nächsten Tag wieder nach New Mexico zurück, wo wir die Arbeit unter den Indianern fortführten. Zwei Wochen später erhielten wir die Nachricht, dass Pastor Joe verstorben war. Er war mitten in der Nacht aus dem Bett gefallen und zu schwach gewesen, um wieder hochzukommen. Seine Frau hatte versucht, ihn wieder ins Bett zu bekommen, aber sie hatte es einfach nicht geschafft.

„Mach dir keine Gedanken, Mutti", sagte er. „Ich lieg hier ganz bequem. Deck mich einfach hier auf dem Boden zu." Sie deckte ihn zu und hoffte, dass sie am Morgen Hilfe bekommen würden, aber am Morgen lebte er nicht mehr. Wie froh war ich, dass ich ihn zwei Wochen vorher noch gesehen hatte!

Eines Tages klingelte das Telefon. „Hier ist Richard Schwartz, ich bin Predigtamtssekretär der Nordkalifornischen Vereinigung", sagte die Stimme. Ich erinnerte mich, dass ich ihn schon ein paar Mal im Vorübergehen getroffen hatte. „Doug, wir haben von deinem Erfolg unter den Navajo-Indianern gehört. Und wir ziehen in Erwägung, dich nach Nordkalifornien zu rufen, damit du hier als Pastor bzw. Evangelist arbeiten kannst. Könntest du dir das vorstellen?"

Was für eine Frage! Mein Haus und alle meine Freunde waren in Nordkalifornien! Dieses Angebot klang fast zu schön, um wahr zu sein! Ich versuchte allerdings, meine Begeisterung nicht zu sehr durchklingen zu lassen.

„Gibt es eine bestimmte Gemeinde, an die ihr gedacht habt?" fragte ich.

„Nun ja, haben wir", antwortete er, „es gibt ein oder zwei, die wir ins Auge gefasst haben. Eine ist in einer kleinen Stadt mit Namen Covelo. Wahrscheinlich hast du den Namen noch nie gehört."

Mein Kopf fing an, sich zu drehen. Von den 130 adventistischen Gemeinden, die es in Nordkalifornien gab, war dies die eine herausragende Gemeinde, die einen unverrückbaren Platz in meinem Herzen hatte. Ich würde in meinem Leben nichts lieber tun, als für diese Gemeinde Seelsorger zu sein!

Karyn gab mir einen Tritt. „Sag ja!" flüsterte sie. Aber obwohl mein eigener Entschluss schon längst fest stand, wusste ich, dass ich die Sache erst dem Herrn vorlegen und ihm das letzte Wort lassen wollte.

„Ich werde mit meiner Frau die Sache besprechen und darum beten", sagte ich. „Ich werde mich wieder bei dir melden."

Karyn sagte: „Ich pack schon mal, während du betest!"

Wenn dies kein Wunder war, dann gibt es keine! Ich brauchte genau so eine Gemeinde wie Covelo, denn die Leute dort wussten, dass ich im Grunde keine Ahnung von meinem Fach hatte, aber sie liebten mich trotzdem. Unsere alten

Freunde konnten es gar nicht fassen und freuten sich riesig, dass sie mich als ihren Pastor zurückbekommen sollten.

Als ich schließlich mit meiner Arbeit dort anfing, entdeckte ich erst, wie viel ich über meine Arbeit als Pastor *nicht* wusste. Ich wusste nicht einmal, wie man eine Ausschusssitzung leitet. Ich stellte Anträge und unterstützte sie dann selbst! Aber die Leute dort trugen mich in Geduld und liebten mich trotz allem. Unter dem Segen Gottes wuchs die Gemeinde und blühte. Wir kauften das Grundstück, das neben der Kirche lag und machten einen Anbau.

Neben meinen Pflichten als Gemeindepastor sollte ich evangelistische Veranstaltungen abhalten. Meine erste Evangelisation hielt ich direkt in Covelo. Am ersten Abend besuchten etwa 100 Personen unsere Veranstaltung und die Besuchszahlen blieben auch an den weiteren Abenden gut. Am Ende entschieden sich 12 Menschen für Christus und wurden getauft. Während meines kurzen Dienstes in dieser Gemeinde wuchs die Mitgliederzahl von 86 auf 112 Glieder.

Die Evangelisationsarbeit nahm immer mehr meiner Zeit in Anspruch, so dass ich schließlich einen Antrag stellte, von meinen seelsorgerlichen Pflichten in der Gemeinde entbunden zu werden, damit ich vollzeitlich in der Evangelisation arbeiten konnte. Vor kurzem war ich wieder einmal in meiner alten Heimat Covelo und hielt am Sabbatmorgen die Predigt. Ich ließ meinen Blick über die Versammlung schweifen und entdeckte so viele, die mir ans Herz gewachsen waren und mir sehr nahe standen. Char war eine der ersten, die wir kennengelernt hatten, nachdem wir nach Covelo gezogen waren. Damals war sie noch ein Hippie, genau wie wir. Ich hatte sie zu den Versammlungen eingeladen und heute saß sie hier, ein treues und gläubiges Gemeindeglied. Ihre Mutter Pauline war ihr auf dem gleichen Weg gefolgt.

Auch die Enkelin von den Phillipsens, Edwina, war auf das ständige Bitten ihrer Großmutter hin zu den Versammlungen gekommen und war jetzt ein treues Gemeindeglied. Immer wieder sagte Oma Phillips: „Wenn doch nur Joe noch erlebt hätte, dass du zurückgekommen bist, um der Gemeinde zu dienen, die er gebaut hat. Er wäre so stolz auf dich! Wenn Joe doch nur noch miterlebt hätte, dass seine Enkelin durch deine Vorträge getauft wurde! Er wäre so glücklich!" Und dann vergoss sie ein paar Tränen.

Dann war da John. Dieser Mann war in der Gemeinde aufgewachsen, aber hatte sie als junger Mann verlassen. Die folgenden 30 Jahre hatte er eine presbyterianische Kirche besucht. Als die evangelistische Serie begann, kam er treu jeden Abend und war der erste Mensch, den ich je in meinem Leben taufte. Jetzt war er eine Säule in der Gemeinde, war Sabbatschullehrer und hatte Chars Mutter geheiratet.

Und Marta! Als ich Marta sah, fielen mir wieder einige Erlebnisse ein, an die ich mich besonders gern erinnerte. Es ist eine längere Geschichte, aber es lohnt sich, sie hier zu erzählen.

Obwohl ich in Bezug auf österliche Sonnenaufgangsgottesdienste etwas gemischte Gefühle hatte, entschloss ich mich eines Tages, so eine Versammlung zu besuchen. Es ist gut, dachte ich, wenn man die Verbindung zu den anderen Pastoren der Stadt ab und an pflegt. Und außerdem wurde ich nicht müde, die Geschichte der Auferstehung Jesu immer wieder zu hören. Ich war gebeten worden, die Morgenandacht zu halten, also zog ich meinen Anzug und meine Krawatte an und fuhr in die Stadt.

Nach dem Gottesdienst kletterte ich in mein Auto und fuhr wieder Richtung Zuhause. Als ich jedoch an der Kirche der Pfingstler vorbeifuhr, spürte ich plötzlich ein starkes inneres Drängen, anzuhalten und hineinzugehen. Aus mir unerklärlichen Gründen hatte ich den Eindruck, dass ich an diesem Tag hier in dieser Kirche predigen sollte. „Wie komme ich dazu, so etwas zu denken?" fragte ich mich selbst. „Ich bin der Pastor der Adventgemeinde."

Ich fuhr an der Kirche vorbei, ohne anzuhalten, aber irgendwie hatte ich das bestimmte Gefühl, ich wäre Gott ungehorsam, also wendete ich das Auto und fuhr wieder zurück. „Woher weiß ich, dass ich nicht ein Opfer meiner eigenen wilden Phantasie bin?" argumentierte ich mit mir selbst. „Soll ich etwa in diese Kirche reinmarschieren, den Gang entlang nach vorne gehen und dem Pastor da vorne sagen: 'Der Herr hat mir gesagt, ich soll hier an diesem Morgen predigen, du kannst dich also hinsetzen und zuhören?' Wahrscheinlich bin ich etwas übermüdet!" Und wieder fuhr ich an der Kirche vorbei.

Ich weiß nicht mehr, wie viele Male ich an der Kirche vorbeigefahren bin, Selbstgespräche führend und um Führung betend. Schließlich fuhr ich nach Hause, aß Frühstück, nahm meinen Schlips ab und legte ihn auf den Schrank. Ich ging zum Kühlschrank und holte mir eine Banane, aber dieser zwingende Eindruck stellte sich wieder ein und ich hatte irgendwie das Gefühl, ich liefe vor meiner Aufgabe davon, ähnlich wie Jona. „Nun gut, Herr, ich verstehe das Ganze zwar nicht, aber ich nehme an, du willst wirklich, dass ich gehe." Ich band mir die Krawatte wieder um und wandte mich in Richtung Haustür.

„Wohin willst du?" fragte Karyn.

„Ich gehe zur Kirche", sagte ich.

„Ach so?" Mehr sagte sie nicht. Sie war nicht wirklich überrascht, denn es kam öfter vor, dass ich ungewöhnliche Dinge tat. Ich fuhr zurück und parkte meinen Wagen vor der Kirche. Als ich hineinging, sah ich, dass der Gottesdienst schon angefangen hatte. Der Pastor hatte die Gemeinde gerade aufgefordert, zum Gebet niederzuknien und um die Ausgießung des Heiligen Geistes vor der Predigt zu bitten. Ich schlüpfte in eine Sitzreihe ganz hinten und kniete mich nieder.

Gebete in einem pfingstlerischen Gottesdienst unterscheiden sich von denen der meisten Kirchen erheblich. Sie beten ziemlich lange und sie beten nicht nur leise in ihrem Herzen. Manche beten laut, einige murmeln vor sich hin, andere reden in Zungen. Die Dame neben mir klang, als ob sie einen Vortrag über japanische Motorräder hielt. Ich für mein Teil bat den Herrn, mir zu zeigen, ob er mich hierher geführt hatte, oder ob diese Idee nur meiner lebhaften Phantasie entsprungen war.

Während ich betete, hatte ich plötzlich innerlich ein Bild vor mir, wie gleich nach dem Gebet der Pastor mich bitten würde, nach vorn zu kommen und die Predigt zu halten. „Aber worüber sollte ich sprechen?" dachte ich, während ich dort im Gebet kniete. Plötzlich fiel mir eine komplette Predigt ein, beinahe so, als hätte mir jemand ein Manuskript gereicht. Die Predigt handelte von Maria Magdalena, die ein Bild für die Gemeinde darstellte.

Das Beten erreichte eine Art Crescendo und verebbte dann allmählich, während die Leute nach und nach wieder ihre Plätze einnahmen. Ich erhob mich ebenfalls von meinen Knien und setzte mich in die Sitzreihe. Dann schritt Pastor Ray Hull auf das Podium, blickte den Gang entlang ganz nach hinten mir direkt in die Augen und sagte: „Ich sehe, dass unser adventistischer Pastor heute hier ist. Lieber Bruder, könnten Sie einige wenige Worte für den Herrn heute Morgen zu uns sprechen?"

Ich weiß, er meinte eigentlich: „Möchten Sie ein Zeugnis ablegen?" Mein Herzschlag raste, aber ich versuchte, meine innere Erregung zu verbergen. So ruhig wie möglich stand ich auf und sagte: „Mein lieber Kollege, Sie wissen ja, wie das ist. Uns Pastoren fällt es schwer, wenige Worte zu machen." Ich lächelte und wollte mich gerade wieder hinsetzen, aber bevor ich dazu kam, sprach er mich erneut an.

„Wie wäre es dann, wenn Sie nach vorne kommen und für uns die Predigt halten?" Mein Herz schien mir in der Brust einige Schläge auszusetzen und ich dachte: „Träume ich eigentlich oder muss ich mich kneifen?" Ich habe mich noch nie in meinem Leben so absolut sicher gefühlt, dass ich in diesem Moment genau an dem Platz war, an dem Gott mich haben wollte, als ich von meiner hinteren Sitzreihe, meine Bibel in der Hand, nach vorne schritt. Gott hatte mich auf höchst erstaunliche und bemerkenswerte Weise hierher in diese Kirche gebracht. Ich wusste, dass er mir nahe sein und mir die richtigen Worte in den Mund legen würde.

Es war mir beinahe, als ginge ich auf Wolken, als ich dort nach oben zum Rednerpult stieg und in meiner Bibel das Kapitel Johannes 8 aufschlug. Es kam mir vor, als wäre alles, was jetzt hier ablief, vorher geprobt worden. Ich fing an, über die Frau zu sprechen, die mitten im Ehebruch ertappt worden war, und die Worte flossen mir förmlich aus dem Mund, ohne dass ich mich meinerseits anstrengen musste. Aus der Zuhörerschaft schallten mir eine Menge Zurufe entgegen wie „Amen!", „Preis den Herrn!" und „Jawohl, Bruder!" Das zeigte mir, dass die Zuhörer mir zustimmten und mich verstanden, und das erwärmte mein Herz. (Ich wünschte mir, in der Adventgemeinde würde mehr Zustimmung solcher Art kommen.)

Am Ende meiner Predigt machte ich einen Aufruf, nach vorn zu kommen. Viele Gläubige kamen nach vorn und wir beteten zusammen. Als die letzten Gemeindeglieder die Kirche verlassen hatten, drehte sich Pastor Hull zu mir und Tränen liefen ihm übers Gesicht. „Pastor Doug", sagte er mit erstickter Stimme, „Gott hat Sie heute Morgen hierhergeschickt."

Ich fragte mich, wie er das wusste.

„Ich bin sehr krank gewesen und fühlte mich nicht in der Lage, heute Morgen zu predigen", fuhr er fort. „Ich wusste nicht, was ich machen sollte, also habe ich die Sache Gott vorgelegt. Ich fragte meine Frau, ob sie nicht predigen könnte, aber sie hatte panische Angst davor. Sie sehen also, Bruder Doug, Gott hat Sie als Antwort auf mein Gebet hierhergeschickt."

Seit diesem Tag weiß ich felsenfest, dass Gott seine Kinder in jeder Kirche hat, welches Glaubensbekenntnis oder welche Lehrmeinung sie auch haben. Er hört ihre Gebete und gibt ihnen Antwort. Bevor Jesus wiederkommt, werden wir alle – alle wahren Kinder Gottes – vereinigt sein zu einer geschlossenen Einheit, die die Gebote Gottes hält und den Glauben Jesu hat (siehe Offenbarung 14,12).

Bevor ich mich an diesem Tag von Pastor Hull verabschiedete, lud er mich ein, wiederzukommen und ich versprach es.

Das ist die Geschichte, wie ich Marta kennenlernte. Ich kam tatsächlich wieder eines Sonntags in diese Kirche, und bei dieser Gelegenheit bemerkte ich eine spanische Dame, die direkt vor mir saß. Ich merkte, dass sie kein Englisch sprach, und schickte ein kurzes Gebet zum Himmel, dass der Herr mir helfen möge, irgendwie ihre Bekanntschaft zu machen. Direkt nach meinem Gebet sagte der Pastor: „Steht bitte jetzt alle auf und gebt allen Personen, die um euch herum stehen, die Hand." Ich erkannte, wie Gott hier für mich einen Weg eröffnet hatte, also sprach ich sie, während alle anderen sich begrüßten, an und sagte: *„¿Cómo está usted, hermana?"* („Wie geht es dir, Schwester?") Ich hatte etwas Spanisch von einem mexikanischen Freund gelernt, mit dem ich zusammen gewohnt hatte.

Als sie mich in ihrer eigenen Sprache reden hörte, ging ein strahlendes Lächeln über ihr Gesicht. Schneller als ich mithalten konnte, ratterte sie in Spanisch los. Ich hielt die Hand hoch. „*Despacio*", sagte ich. „*¡Más lento!*" („Sprich langsam.") Dann fragte ich in meinem holprigen Spanisch: „Verstehst du, was hier geredet wird?"

„Nein", sagte sie. „Aber dies ist Gottes Haus, also komme ich."

„Ich gehe am Samstag zum Gottesdienst, und bei uns gibt es etliche Glieder, die Spanisch sprechen. Komm doch und besuch uns einmal nächsten Samstag", lud ich sie ein.

„Gracias, Señor", sagte sie, und tatsächlich war sie am nächsten Samstag in meiner Gemeinde. Es dauerte nicht lange, da kamen ihre Kinder auch mit. Jetzt sind sie und ihre Kinder treue Glieder unserer Gemeinde und alle Kinder besuchen unsere kleine Gemeindeschule. Als ich also an diesem Sabbatmorgen Marta und ihre Kinder in der Versammlung entdeckte, machte mein Herz einen Freudensprung.

Als wir eines Abends nicht lange danach auf dem Weg in eine Gebetsversammlung waren, sahen wir einen Krankenwagen vor dem Haus von Oma Phillips stehen. Sie hatte einen Schlaganfall erlitten und zwei Tage später starb sie, ohne wieder das Bewusstsein zu erlangen. Ihre Enkelin fand ihre Bibel, wie sie auf dem Tisch an ihrem Sitzplatz lag, daneben ihr Sabbatschul-Lektionsheft. Es war Mittwoch und sie hatte den Mittwochsabschnitt mit ihrer zittrigen Handschrift ausgefüllt. Die letzten Worte, die sie an diesem Morgen geschrieben hatte, waren: „Wir werden nicht sterben."

Jeder Mensch stirbt den Ersten Tod, natürlich, aber die Gerechten werden den Zweiten Tod nicht sterben, von dem in Offenbarung 20 die Rede ist. Das war für Oma Phillips eine unerschütterliche Tatsache, in die sie ihr ganzes Vertrauen setzte.

Es war mein Vorrecht, ihre Beerdigung zu halten. Die Gemeinde war brechend voll mit Freunden und Nachbarn, und ein wahres Blumenmeer ergoss sich über den Raum. Man hatte fast den Eindruck, als gäbe es etwas zu Feiern. Ein großer Streiter hatte den Sieg über die Sünde behalten und seine Waffenrüstung niedergelegt. Da lag sie nun in Frieden, und Satan konnte ihr nichts mehr anhaben. Ich spürte kein Bedauern für sie. Tatsächlich beneidete ich sie sogar. Das nächste, was sie hören wird, ist die Stimme Jesu, wie er sie aus dem Grab ruft, so wie es uns in 1. Thessalonicher 4,16.17 versprochen worden ist. Sie wird spüren, wie ewiges Leben wie ein Strom durch ihren neuen, unsterblichen Körper pulsiert und sie wird nie mehr von ihrem geliebten Joe getrennt sein. Was für ein Wiedersehen wird das sein! Seite an Seite werden sie auf den goldenen Straßen dieser unbeschreiblichen, schönen Stadt wandern. Das Bild dieser Stadt wird uns in den letzten beiden Kapiteln der Bibel geschildert.

Nach der Beerdigung ging ich ihren Sohn besuchen. Er hatte bisher sein Herz dem Herrn nicht übergeben und ich hoffte, dass ich einige Mut machenden Worte für ihn finden würde.

„Du weißt, dass deine Mutter dich sehr geliebt hat, und dass sie nicht aufgehört hat, jeden Tag für dich zu beten", sagte ich. „Sie betete für dich bis zu ihrem letzten Atemzug."

„Ja, ich weiß", sagte er. „Aber ich möchte nicht, dass Sie auch nur einen Atemzug daran verschwenden, ebenfalls für mich zu beten."

Was konnte ich diesem Mann, der Unmengen Alkohol trank, rüpelhafte Worte im Munde führte und sich wie ein Macho aufführte, sagen, um sein Herz zu erreichen. „Wenn Sie mich vor ein paar Jahren gekannt hätten, hätten Sie auch nie geglaubt, dass jemals in meinem Leben ein Christ aus mir werden würde. Ihre Eltern haben sehr viel dazu beigetragen, dass ich da bin, wo ich heute bin. Sie waren wahre Heilige."

„Ich weiß. Sie waren Heilige", sagte er leise. Er sah auf den Boden und fummelte an seinem Hut herum. „Aber sie waren nicht immer so. Sie sind erst Heilige *geworden*."

Diese Worte wiederum gaben *mir* Hoffnung. Ich konnte auch ein Heiliger werden. Wenn ich auf Jesu vollkommenes Vorbild schaue, sage ich mir: „Es gibt noch so viel, was ich ändern muss, ich bin noch lange nicht da", aber wenn ich zurückschaue und sehe, wie weit er mich schon gebracht und geführt hat, dann gibt mir das Mut. Ich weiß, dass er noch lange nicht fertig ist mit mir. Wenn ich ihn wirken lasse, wird er das, was er mit mir in meinem Leben begonnen hat, zu einem guten Ende führen und mich eines Tages nach Hause bringen.

KAPITEL 18

Der unbewegliche Fels

Vor kurzem fuhr ich mit meiner Familie auf einen Kurzurlaub nach Südkalifornien. In Desert Hot Springs fanden wir ein hübsches, kleines Hotel mit einer traumhaften Aussicht auf die Berge, die einst mein Zuhause gewesen waren.

„Dad, lass uns zu deiner Höhle wandern." Micah, mein zweitältestes Kind und erster Sohn fand alles, was mit Höhlen zu tun hatte, ungeheuer faszinierend. Rachael ging lieber mit ihrer Mutter einkaufen und Daniel, fünf Jahre alt, war noch viel zu jung für solch einen strapaziösen Marsch.

Früh am nächsten Morgen fuhr Karyn Micah und mich bis nach Palm Springs, wo wir mit unseren Rucksäcken bepackt aus dem Auto kletterten. Als wir durch die Stadt gingen, bemerkte ich, wie sehr sich alles verändert hatte. Der alte Mayfair-Markt war geschlossen und mit Brettern vernagelt. Meine obdachlosen Freunde waren nirgendwo zu entdecken. Das *Glaubenszentrum*, das wir ab und an besucht hatten, war umgezogen. Sogar als wir aus der Stadt herauskamen und begannen, den Canyon hinaufzuwandern, sah die Umgebung teilweise verändert aus.

Acht Jahre war es her, dass ich das letzte Mal auf diesem Pfad gewandert war. In der Zwischenzeit hatte auf dem Mount San Jaciento ein Feuer gewütet, ein mittelschweres Erdbeben hatte die Erde erschüttert und eine ziemlich große Überschwemmung hatte die Gegend heimgesucht. Bäume, die vorher Anhaltspunkte auf dem langen Weg gewesen waren, schauten nur noch als schwarze Stumpen aus der Erde. An vielen Stellen war der alte Pfad ausgewaschen worden und musste an eine andere Stelle verlegt werden. Sogar der Bach hatte seinen Lauf geändert.

Obwohl Micah erst sieben Jahre alt war, stapfte er wie ein tapferer Krieger den Pfad entlang. Er jammerte weder über die Hitze, noch über das Gewicht seines kleinen Rucksacks, den er auf dem Rücken trug.

Als wir die halbe Höhe des Berges erreicht hatten, zeigte ich nach vorne. „Wir machen dort bei Square Pool Halt", sagte ich. „Das ist ein phantastischer Platz für eine Pause. Wir können ins Wasser springen, etwas herumschwimmen und uns abkühlen." Aber als wir bei Square Pool ankamen, mussten wir zu unserer Enttäuschung feststellen, dass das ehemalige Wasserbecken mit Sand gefüllt war. Wir konnten nur über den Sand laufen und unter dem nahegelegenen Wasserfall eine kleine Dusche nehmen.

Ich begann, mich zu fragen, ob ich meine Höhle überhaupt noch vorfinden würde. Was erwartete mich dort?

Nach einer ca. zweieinhalbstündigen Kletterpartie bergauf erreichten wir den höchsten Punkt unserer Wanderung – den Höhenzug, der ca. 1.400 Meter über Palm Springs liegt und uns einen faszinierenden Panoramablick über alle Wüstenstädte bot. Wir saßen etwa zehn Minuten nur da und tranken förmlich das spektakuläre Bild ein, das sich uns bot. Wasser tranken wir außerdem.

Nach unserer kurzen Ruhepause schulterten wir wieder unsere Rucksäcke und begannen den Abstieg hinunter ins dritte Tal. Alles um mich herum sah jetzt ganz vertraut aus und mein Herz schlug schneller – eher vor Aufregung als von der Anstrengung. Als wir um den Grat herumwanderten und das dritte Tal direkt vor uns lag, hielt ich einen Moment inne, um zu Atem zu kommen und den Anblick vor mir bewusst in mich aufzunehmen.

„Wonach guckst du, Dad?" ließ sich Micah vernehmen.

„Nach meinem Felsen", erwiderte ich leise.

An dem Punkt, an dem wir standen, waren wir ringsumher von Felsen umgeben, und meine Aussage muss für jemanden, der nicht sehen konnte, was ich sah, vielleicht seltsam geklungen haben. Aber *ein* Felsen in diesem Tal ragte heraus wie ein Basketball in einem Kasten von Murmeln. Im Schatten dieses Felsbrockens hatte ich eineinhalb Jahre lang gelebt. Hunderte von Malen hatte ich in einem der heißesten Klimata der Erde in diesen öden, einsamen Wüstenbergen 1.400 Meter Höhenunterschied bezwungen, den letzten Felsgrat umrundet und dann „meinen Felsen" erblickt. Für mich war dieser Stein gleichbedeutend mit Ruhe und Schatten. Er signalisierte mir, dass „Zuhause" in Sicht war, Nahrung und Wasser. Manchmal gab es in diesen Bergen Erdbeben und dann waren von allen Seiten her Felsstücke und Erde von den Berghängen gepurzelt, aber unter dem Schutz „meines Felsens" hatte ich nie Angst gehabt.

Diesen Felsen nach so vielen Jahren unverändert wiederzusehen, ließ mir Tränen in die Augen schießen. „Komm weiter, Micah", sagte ich, „wir sind fast da." Ich wollte weitergehen, bevor er meine Tränen bemerkte.

Zehn Minuten später befanden wir uns auf dem Boden des Tales und wanderten entlang des Tahquitz Baches. Die Erinnerungen stürmten auf mich ein. „Da drüben hatte ich meine Sauna, Micah." Ich zeigte auf eine Stelle abseits des

Pfades. „Ich erhitzte große Steine in einem Lagerfeuer, dann trug ich sie mit einer Schaufel in ein Plastik-Indianerzelt, verschloss die Tür hinter mir und goss heißes Wasser auf die Steine. Innerhalb weniger Minuten wurde es so heiß, dass ich rauslaufen und in diesen großen See dort drüben springen musste."

Micah hörte mit vor Faszination weit aufgerissenen Augen zu.

Wenige Augenblicke später kletterten wir zwischen zwei Felsen hindurch über einen querliegenden Baumstamm und waren auf dem Vorplatz, der vor meiner Höhle lag. Es hatte sich kaum etwas verändert. Die rauchgeschwärzte Decke, mein Felsen-Baumstamm-Sessel, meine Feuerstelle – alles war noch so wie früher. Der Sand in meiner Schlafhöhle und auf dem anderen Höhlenboden war teilweise fortgewaschen worden, aber nichtsdestoweniger vermittelte mir die Atmosphäre hier das Gefühl, „Zuhause" zu sein.

Micah konnte seine Aufregung nicht länger zurückhalten. Er ließ seinen Rucksack fallen und machte sich sofort auf, alles zu erkunden, obwohl er furchtbar müde sein musste. Ich ruhte mich einige Minuten aus, packte dann unsere Sachen aus und errichtete unser Lager. Als Micah zurückkehrte, nahmen wir ein Bad im Pool. Zu dieser Jahreszeit war das Wasser eine angenehme Erfrischung.

Wir setzten uns in das allmählich verblassende Sonnenlicht, um uns trocknen zu lassen. „Micah, es wird bald dunkel sein", sagte ich. „Wir sollten wohl besser etwas Holz für unser Feuer heute Nacht zusammensuchen." Als die Sonne unterging, hatten wir einen riesigen Berg Holz gesammelt. Natürlich waren wir inzwischen hungrig wie die Bären. Wir bauten uns ein Feuer und erhitzten einige unserer Vorräte, die wir mitgebracht hatten.

„Dad", sagte Micah, als wir den letzten Löffel Bohnen vertilgt hatten, „wo hast du diese Bibel gefunden, die in der Höhle lag?"

Ich zeigte in die Höhle. „Siehst du diesen Absatz im Felsen bei meiner Schlafhöhle? Dort lag sie."

„Wo ist die Bibel jetzt?"

„Kurz nachdem ich angefangen hatte, sie zu lesen, fiel sie mir versehentlich in den Bach", sagte ich. „Als ich sie wieder rausfischte und trocknete, war sie hinterher ganz aufgequollen und nicht mehr sehr gut zu lesen, deshalb schenkte mir mein Freund Glen eine neue. Ich weiß nicht mehr genau, was mit der alten passiert ist."

Wir sprachen unser Abendgebet und warfen noch einige Holzstücke auf das Feuer. Aber lange noch, nachdem Micah in seinen Schlafsack gekrochen war, konnte er nicht einschlafen und stellte immer neue Fragen über das Leben in diesem wilden Canyon.

Schließlich wurde es still, und ich wusste, dass er in Schlaf gesunken war. Der Feuerschein tanzte auf den Höhlenwänden und erzeugte vertraute Schattenbilder. Dann hüpfte plötzlich eine kleine Känguruhratte über den Höhlenboden, hielt einen Moment inne und sah in meine Richtung, als ob sie fragen wollte: „Wo warst du denn so lange?" Dann sprang sie fort. Ich griff in meinen Rucksack und tastete nach der Bibel, die ich mitgebracht hatte. Ich öffnete sie willkürlich an einer Stelle und las im Schein des flackernden Feuers Matthäus 7,24.25. Jesus sagt hier: „Darum, wer diese meine Rede hört und tut sie, der gleicht einem klugen Mann, der sein Haus auf einen Felsen baute. Da nun ein Platzregen fiel und die Wasser kamen und wehten die Winde und stießen an das Haus, fiel es doch nicht; denn es war auf den Felsen gegründet."

Ich dachte: „Wie oft wird Jesus in der Bibel mit einem Felsen verglichen. Er wird der Eckstein genannt, das feste Fundament, der Stein, der aus dem Berg herausgehauen wurde. Sogar die Zehn Gebote wurden in Stein geschrieben, um zu demonstrieren, wie unveränderlich sie waren. Eines meiner Lieblingssymbole für Christus findet man in Jesaja 32,2, wo Jesus mit einem mächtigen Felsen verglichen wird, der in einer dürren Landschaft Schatten spendet. So wie mein Höhlenfelsen unerschütterlich in Regen, Sturm, Feuer und Erdbeben ausgehalten hat, unwandelbar und unbeweglich, genauso ist Jesus immer für mich da gewesen, verlässlich, voller Liebe; er ist für mich ein Schutz und Zufluchtsort vor geistlicher Hitze und Kälte gewesen."

Während noch diese beglückenden Gedanken durch meinen Kopf gingen, legte ich die Bibel auf den Felsenabsatz und krabbelte in meinen Schlafsack. Ich weiß nicht, ob der Untergrund härter oder ich weicher geworden war, aber es dauerte seine Zeit, bis ich es mir bequem gemacht hatte. Schließlich aber glitt ich unter dem Gemurmel und Geflüster des Baches ins Reich der Träume hinüber.

Micah fiel es schwer, am nächsten Morgen zu sich zu kommen. Seine Augen waren halb geöffnet und es sah zu komisch aus, wie er umherschaute und versuchte, sich zu erinnern, wo er war und wie er hierher gekommen war. Sein Haar sah aus, als hätte jemand es die ganze Nacht mit einem Schneebesen bearbeitet!

„Wir müssen früh wieder losmarschieren, um rechtzeitig den Berg hinunterzukommen. Mom wartet auf uns in der Stadt", sagte ich, als ich eine Dose für unser Frühstück öffnete.

„Aber, Dad, wir sind doch gerade erst angekommen."

„Ich weiß, mein Sohn, aber unser Urlaub ist fast zu Ende. Wir wollen uns freuen, dass wir überhaupt die Gelegenheit hatten, diesem Ort einen Besuch abzustatten."

„Okay", sagte Micah mit einem Seufzer.

Wir aßen unser Frühstück, nahmen ein kurzes Bad im Pool, machten eine kleine Andacht und packten unsere Sachen zusammen. Dann sahen wir uns ein letztes Mal um. Als ich gerade den Höhlenvorplatz verlassen wollte, rief mich Micah. „Dad, du hast deine Bibel auf dem Absatz dort liegengelassen!"

„Ich weiß, mein Sohn."

Er schien mich zu verstehen und wir begannen unseren Rückmarsch.

„Dad?" Nach langem Schweigen war Micah wieder zu vernehmen.

„Ja, mein Sohn."

„Vermisst du es manchmal, hier oben zu wohnen?"

Über die Antwort brauchte ich nicht lange nachzudenken. „Ja, mein Sohn, tue ich. Das Leben hier oben war in vieler Hinsicht einfacher. Es gab keinen Stress und man war nicht so viel Erwartungen und Druck ausgesetzt."

„Dad."

Ich konnte regelrecht hören, wie sein kleines Gehirn angestrengt arbeitete.

„Glaubst du, dass du jemals hierher zurückziehen wirst?"

„Nein, mein Sohn, Gott hat uns nicht gerufen, damit wir vor der Welt davonlaufen. Jesus sagte uns, dass wir in alle Welt hinausgehen und das Evangelium verkünden sollen."

Während unseres weiteren Abstiegs waren wir still und jeder von uns hing seinen eigenen Gedanken nach, ich auf meine Weise, und er auf seine eigene, kindgemäße Weise. Ich war so dankbar für alle meine Kinder, und an diesem Morgen, während wir gemeinsam unseren Weg nach unten suchten, fühlte ich mich Micah besonders nahe. Gott hat mir durch meine Kinder viel über seine Liebe zu uns beigebracht, und Micah lehrte mich eine der wichtigsten Lektionen, die ich je erhalten habe.

Es lag fünf Jahre zurück, als wir noch in Covelo lebten, da fanden Karyn und ich ihn eines Morgens in seinem Bettchen, wimmernd und mit ausdruckslosen Augen an die Decke starrend. Wir wussten sofort, dass etwas Schlimmes passiert war. Karyn riss ihn aus dem Bettchen in ihre Arme und wir rasten zum nächstgelegenen Krankenhaus, das 40 Meilen entfernt lag. Wir stürzten mit unserem blauäugigen Bündel in die Notaufnahme und nach einer ersten Untersuchung sagte uns der junge diensthabende Internist, er befürchte, Micah habe eine Gehirnhautentzündung. Er sagte, die einzige Möglichkeit, eine sichere Diagnose zu stellen, sei eine Rückenmarkspunktion. Das bedeutete, dass eine 8 cm lange Nadel zwischen die Wirbel in Micahs Rückenmarkskanal eingeführt werden musste. Ich brauche nicht zu erwähnen, dass das Rückenmark ein dickes Bündel hochsensibler Nerven darstellt. Micah war in dem Alter, wo er schon ein wenig plappern konnte. Er sagte Sachen wie „Mami", „Daddy" und „Banane". Ich fragte mich, was wohl in diesem Augenblick durch sein kleines Gehirn ging. Karyn sagte, sie könnte es nicht ertragen, dabei zuzusehen und verließ den Raum. Ich stand daneben, während zwei Krankenschwestern meinen kleinen Jungen seitlich festhielten und seinen Rücken weit nach vorne beugten. Das verursachte Micah offensichtlich erhebliche Schmerzen, denn er fing an zu stöhnen. Das traurigste an der Sache war, dass der Internist zugeben musste, dass er wenig Erfahrung mit Rückenmarkspunktionen hatte. Das Herz brach mir fast, als ich zusehen musste, wie der junge Arzt drei oder vier Mal die dicke Nadel in den Rücken meines Babys stach. Nur ein Vater oder ein Mutter kann verstehen, was für ein Schmerz es ist, wenn man zusehen muss, wie das eigene Kind leidet.

Micah sah mich an und schrie immer wieder und wieder: „Daddy! Daddy! Daddy!"

Ich dachte, es reißt mich entzwei. Ich wusste, dass er sich fragte: „Warum lässt du zu, dass diese Leute mir weh tun? Liebst du mich nicht mehr?" Und ich wusste, dass es absolut keine Möglichkeit gab, ihm in seinem Alter zu erklären, was vor sich ging. Meine größte Angst war, dass Micah sterben könnte mit dem letzten bewussten Gedanken, dass sein Vater ihn nicht mehr liebte.

Wie sich herausstellte, hatte er tatsächlich Gehirnhautentzündung, aber durch die Gnade Gottes konnte er nach zehn Tagen Krankenhausaufenthalt wieder gänzlich geheilt entlassen werden. Aber nach diesem Erlebnis konnte ich nie mehr die Beschreibung von Jesus am Kreuz lesen, wie er zu seinem Vater schrie: „Mein Gott, mein Gott! Warum hast du mich verlassen?", ohne an meinen kleinen Sohn und seine Erfahrung zu denken. Es wäre sehr viel einfacher für mich gewesen, selbst zu leiden, als hilflos zusehen zu müssen, wie eines meiner Kinder litt. Und ich weiß, dass unser Vater im Himmel seinen Sohn Jesus sehr viel mehr liebte, als ich meine Kinder jemals lieben könnte.

Wie konnte er dann das, was geschah, zulassen?

Die einzige Schlussfolgerung, die ich ziehen kann, ist, dass Gott der Vater und Christus der Sohn uns Menschen so unendlich liebten, dass sie bereit waren, dieses furchtbare Schicksal auf sich zu nehmen, trotz all der Schmerzen, die es verursachen würde.

Darum sagte ich Micah, dass Gott mich gerufen hat, das Evangelium zu predigen. Ich fühle einen unwiderstehlichen Drang, der Welt von einem Gott zu erzählen, der uns so sehr liebt. Es ist mein Gebet, dass derjenige, der das Zeugnis in diesem Buch liest, aus meinen Erfahrungen lernt, nämlich dass wahres Glück und Freude nicht daraus erwachsen, dass man sich alle Wünsche erfüllen kann. Ich musste durch eine harte Schule gehen und lernen, dass das Glück, das die Welt bietet, kein echtes Glück ist. Es ist eine große Täuschung, eine Seifenblase, eine Lüge. Aber die Freude, Gottes Arbeit zu tun und seinen Mitmenschen zu dienen, ist eine echte, unverfälschte Freude, und sie hinterlässt keinen Kater.

Ich weiß genau, wovon ich rede, denn es gibt nichts, was ich nicht ausprobiert hätte!

Schnappschüsse aus dem Fotoalbum der Batchelors

Sowohl in meiner Familie als auch in meinem beruflichen Dienst hat es seit der Erstveröffentlichung von *The Richest Caveman* im Jahre 1988 erhebliche Veränderungen gegeben. Doch Gott führt, segnet und erhält uns auch weiterhin. Die Bilder in dieser kleinen Zusammenstellung stehen für Höhen und Tiefen in meinem Leben, für Zeiten der Freude und Zeiten der Herausforderung. Mein Leben stellt nur eins von unzähligen Zeugnissen der Barmherzigkeit und Gnade Gottes dar. Er war so gut zu mir! Mein Gebet ist es, dass der Leser dieses Buches ebenfalls diese Erfahrung macht: In der Rückschau auf sein Leben zu erkennen, wie Gott ihn geführt hat.

Meine Schulzeit

Links: Dieses Foto wurde während meines ersten Jahres an der New Yorker Militärakademie (NYMA) gemacht. Ich war erst 11 Jahre alt. In meinem zweiten Jahr hatte ich den Rang eines Sergeanten und an meiner Brust prangte eine ganze Reihe von Medaillen. Siehe auch Seite 13 des Buches.

Rechts: Die Militärakademie von New York war sozusagen die Vorstufe zu „West Point„. Die Ausgehuniformen sahen wirklich beeindruckend aus. Mein Freund Bobby Boyer ist hier auf der linken Seite zu sehen und ich stehe rechts.

ITALIEN

Dies ist mein erstes Passfoto, das vor meiner Abreise nach Genua, Italien, gemacht wurde. In Genua sollte ich an Bord der *Flint School Abroad*, einer Schule auf hoher See, gehen. Einen Tag vor diesem Foto hatte ich LSD genommen und man kann erkennen, dass meine Pupillen immer noch erweitert waren. Die Geschichte finden Sie auf Seite 49.

Auf diesem Foto kann man den gefährlichen Pumapfad erkennen, über den man auf dem Weg zu meiner Höhle hoch oben in den San Jacinto Bergen klettern musste. Viele Bergsteiger sind auf diesem heimtückischen Pfad zu Tode gekommen oder ernsthaft verletzt worden. In der Ferne kann man Palm Springs erkennen. Siehe Seite 69.

Dieses Foto wurde im Jahre 1974 während eines Besuches von Falcon, meinem Bruder, gemacht. Es war sein einziger Besuch. Wir sind hier auf dem Weg hinauf in die Höhle, nachdem wir uns in Palm Springs mit Vorräten eingedeckt hatten. Dieser kräfteraubende Aufstieg war für Falcon, der ja an Mukoviszidose litt, eine enorme Leistung.

Mit großer Freude konnte ich meine Familie 1995 mit auf einen Ausflug zu meiner Höhle nehmen. Der dreistündige Aufstieg ist kräftezehrend und anstrengend, Felsen, Kakteen und lose Steine bilden eine zusätzliche Erschwernis. Ich war beeindruckt, wie gut meine Familienmitglieder in der Lage waren, diesen schwierigen Aufstieg zu meistern. Genau 22 Jahre war es her, dass ich das allererste Mal diesen Aufstieg im Alter von 15 Jahren mit Jim und Sunny gemacht hatte. Siehe Seite 36.

Das Höhlenleben

Hier ist meine Höhle. Ich sitze auf meinem „Baum-Felsen-Thron„ und halte meine Katze „Stranger„ im Arm. Siehe Seite 74. Hier verbrachte ich Hunderte von Stunden und ließ meinen Blick über den bergan führenden Wanderpfad schweifen, während ich kochte, aß oder in meiner Bibel las. Alles was ich brauchte, hatte ich direkt um meinen Sessel herum in Reichweite platziert. Siehe Seite 80.

Seitdem ich meine Höhle verlassen habe, haben sich in der Umgebung viele Naturkatastrophen ereignet, Überschwemmungen, Feuer und Erdbeben. Aber ich fand meine Höhle nach all dieser Zeit fast unverändert vor. Bei einem meiner späteren Besuche ließ ich für jeden Vorübergehenden gut sichtbar eine Bibel auf dem Felsvorsprung zurück. Siehe Seite 137.

Als mein Sohn Micah gerade 7 Jahre alt war, kehrte ich das erste Mal zu meiner Höhle zurück. Auf diesem Bild kann man Micah sehen, wie er in dem erfrischenden Pool vor der Höhle schwimmt. Siehe Seite 139. In den Sommermonaten trocknete die Quelle, die diesen Pool speist, aus, und ich musste die Schlucht hinaufwandern, um mir frisches Trinkwasser zu besorgen.

Meine Mutter flog zusammen mit einem NBC Nachrichten- und Kamerateam in einem Hubschrauber hinauf zu meiner Höhle. Der Reporter Bill Applegate machte ein phantastisches Interview über die Geschichte, warum der Sohn eines Millionärs in einer Höhle wohnte. Das Programm wurde amerikaweit dreimal an diesem Tag ausgestrahlt. Ich war gerade Christ geworden und hatte um eine Gelegenheit gebetet, wie ich Zeugnis ablegen konnte. Ich war wirklich sprachlos, wie schnell und umfassend Gott mein Gebet beantwortete! Siehe Seite 88.

Mit diesem kleinen VW Käfer gründete ich meine erste kleine Firma, *Batchelors Großhandel für 1A Rindersteaks*. Aufgrund all der Erkenntnisse, die ich in dieser Zeit über Fleisch erhielt, bin ich damals Vegetarier geworden und bin es noch heute. Siehe Seite 103.

Links: Pastor Joe Phillips und seine Frau Miriam waren die bewundernswertesten Beispiele für echte, ihren Glauben in die Tat umsetzende Christen, die ich jemals getroffen habe. Sie waren ohne Ausnahme immer freundlich und selbstaufopfernd, und ihre größte Freude bestand darin, andere mit Jesus bekannt zu machen. Ich werde bis in alle Ewigkeit dankbar sein für die Liebe, die sie mir entgegengebracht haben. Siehe Seiten 108 und 125.

Rechts: Das hier ist die Gemeinde in Covelo im Jahre 1996. Hier bin ich von Pastor Joe Phillips getauft worden. Zweimal war es später mein Vorrecht, dieser wundervollen Gemeinde als Gemeindepastor zu dienen. Siehe Seite 125.

Meine Familie

Rechts: Mom und Dad während glücklicher Zeiten. Gegensätze ziehen sich an, zumindest zeitweise. Zum Beispiel gehörten beide unterschiedlichen politischen Richtungen an.

Links: Dieses Bild stellt einen seltenen Augenblick dar, wo wir vier zusammen sind. Es wurde auf der Hochzeit von Falcon und Sandy gemacht. Falcon war 25 und ich 23. Können Sie das „schwarze Schaf„ der Familie entdecken?

Dies ist das letzte Bild, das von uns dreien gemacht wurde – Falcon, Dad und mir. Falcon litt an Mukoviszidose. Er bekämpfte die Krankheit mit großer Tapferkeit und schaffte es, 35 Jahre alt zu werden. Als Falcon im Juli 1990 starb, nur eine Woche nach der Aufnahme dieses Fotos, war ich an seiner Seite.

Hier bin ich mit Mom und Falcon auf einem Sommercamp. In späteren Jahren gründete Falcon in den Florida Keys selbst ein Camp für Kinder mit Mukoviszidose. Mehrere Male war ich als Helfer bei diesem Camp dabei und fungierte als Berater und Seelsorger.

Mom mit den Stars . . .

Clint Eastwood

Sally Field

George Burns

Mohammed Ali

The Three Stooges …
Curley, Mo & Larry

Dustin Hoffman

Paul Newman

Natalie Wood

Meine Mutter Ruth war ihr Leben lang mit dem Showgeschäft verbunden, in der einen oder anderen Weise. Sie schrieb Songs für Elvis Presley, schrieb Musicals und spielte eine ganze Reihe kleinerer Rollen in großen Spielfilmen oder Fernsehereignissen. Sie konnte Gitarre spielen, singen, malen und fast jede Art künstlerischer Arbeit tun, ohne dass sie dafür eine spezielle Ausbildung erhalten hatte. Sie fand ein auf sie zugeschnittenes Betätigungsfeld, als sie 1975 als Filmkritikerin zu arbeiten begann. In diesem Bereich arbeitete sie bis zu ihrem viel zu frühen Tod. Sie starb im Juli 1992 an Krebs. Siehe Seite 7.

Mein Vater

Während des Zweiten Weltkriegs flog mein Vater George in Europa für die US Air Force. Er hatte einen scharfen Verstand und einen ausgeprägten Geschäftssinn. Nachdem er aus der Armee entlassen worden war, begann er, sein eigenes Imperium aufzubauen, indem er Flugzeuge kaufte, verkaufte und leaste.

BUSINESS MONDAY

Still flying high

At 71, aviation pioneer George Batchelor isn't ready to descend. He runs one of Miami's most successful businesses, pilots a jet, races cars, water-skis, and is soon

Weil er auf sehr großzügige Weise an verschiedene Wohltätigkeitsorganisationen gespendet hatte, erhielt mein Vater eine außerordentliche Auszeichnung: „Outstanding Citizen„. Seine Person wurde verschiedentlich in Zeitungen, Wirtschafts- und Luftfahrtmagazinen ausführlich dargestellt.

Dad stand zeit seines Lebens unter Strom und war in seinen Aktivitäten kaum zu bremsen. Er führte mehrere Firmen gleichzeitig und fuhr darüber hinaus Autorennen, flog Jets, fuhr Wasserski und segelte mit seiner eigenen Yacht. Im Jahre 1994 erlitt er einen Schlaganfall, wodurch er gezwungen war, etwas kürzer zu treten. Nach kurzer Krankheit verstarb er im Juli 2002 an Krebs. Siehe Seite 10.

Dies ist meine Familie bei einem Besuch bei meinen Großeltern mütterlicherseits, Al und Lil Tarshis. Ihr Name stammt von der biblischen Stadt Tarsis ab, in die Jona vor Gott floh. Nachdem Mom und Dad sich scheiden ließen, habe ich verschiedentlich bei Großmama und Großpapa gelebt. Sie pflanzten die ersten Samenkörner in mein Herz, dass es einen Gott gibt, der über mich wacht.
Von links nach rechts: Daniel, Karen mit Stephen, Großpapa, Doug, Großmama, Micah und Rachael.

Dieses Bild wurde im Juni 1999 aufgenommen, auf dem alle unsere Kinder zu sehen sind. Von links nach rechts: Daniel, Stephen, Rachael, Doug, Micah, Nathan, Karen und Cheri. Cheri ist meine Tochter aus einer Liebesaffäre als Teenager während meiner Zeit in der Höhle. (In diesem Buch ist nicht alles enthalten!) Im April 2001 erlitt Micah einen tödlichen Unfall, als ein Traktor, den er gerade entlud, umkippte.

Zur Zeit diene ich als Hauptpastor der Zentralgemeinde der Siebenten-Tags-Adventisten in Sacramento. Gleichzeitig bin ich Direktor und Sprecher für „Amazing Facts Ministries„, eine evangelistische Radio- und Fernsehgesellschaft. Meine Vortragstätigkeit als Verkündiger des Evangeliums führt mich in die ganze Welt. Meine Familie begleitet mich auf meinen Reisen, hier sind wir in Sydney, Australien. Was wie Urlaub aussehen mag, war ein arbeitsintensiver Aufenthalt in dieser Gegend: zehn Veranstaltungen in zehn Tagen! Wir sind dankbar, dass Gott uns mit seinem Schutz und seiner Fürsorge immer begleitet.

Zeichen der Hoffnung

Die Medien malen ein düsteres Bild unserer Zeit: globale Erwärmung, Tsunamis, Überschwemmungen, Erdbeben, Brände, Angst, Gewalt und Terror. Was geschieht mit unserem Planeten?
Was geschieht mit der Menschheit? Auf der Grundlage der biblischen Prophezeiungen analysiert der Autor die Zeichen, die den Anbruch eines neuen Zeitalters ankündigen. Ein großes Ereignis, das bald stattfinden soll, ist die größte Hoffnung für unsere Welt.

Autor: **Alejandro Bullón**
Titel: **Zeichen der Hoffnung**
Format: **11 x 18 cm** (Paperback, 176 Seiten)

Preis: **2,99 €**
Bestellnummer: **9783903002012**
Zu beziehen bei: **www.adventistbookcenter.de**

Schon gefunden, was Sie suchen?

Spannende und hochaktuelle Vortragsreihen zum Zeitgeschehen

Erbauende Themenreihen, die Ihren persönlichen Glauben stärken

Wöchentliche Programme mit systematischem Bibelstudium im Livestream

Wertvolle Anregungen zu den Themen Ehe und Familie

Gründlich recherchierte Geschichtsdarstellungen

Liveübertragungen von aktuellen Veranstaltungen

Ganzheitliche Gesundheitsseminare

JOEL MEDIA MINISTRY E.V.

www.joelmediatv.de